坚持干字当头

任初轩　编

人民日报出版社
北　京

图书在版编目（CIP）数据

坚持干字当头 / 任初轩编. -- 北京 : 人民日报出版社, 2025. 3. -- ISBN 978-7-5115-8726-8

Ⅰ. D262.3

中国国家版本馆CIP数据核字第2025XA8121号

书　　名：坚持干字当头
　　　　　JIANCHI GANZIDANGTOU
作　　者：任初轩

出 版 人：刘华新
策 划 人：欧阳辉
责任编辑：周海燕　孙　祺
装帧设计：元泰书装

出版发行：人民日报出版社
社　　址：北京金台西路2号
邮政编码：100733
发行热线：（010）65369509 65369512 65363531 65363528
邮购热线：（010）65369530 65363527
编辑热线：（010）65369518
网　　址：www.peopledailypress.com
经　　销：新华书店
印　　刷：大厂回族自治县彩虹印刷有限公司
法律顾问：北京科宇律师事务所　（010）83622312

开　　本：710mm×1000mm　1/16
字　　数：230千字
印　　张：17.25
版　　次：2025年3月第1版
印　　次：2025年3月第1次印刷

书　　号：ISBN 978-7-5115-8726-8
定　　价：58.00元

代　序

坚持干字当头，确保党中央各项决策部署落到实处

王云松

“社会主义是干出来的，新时代也是干出来的。”习近平总书记的话语铿锵有力、鼓舞人心。“大道至简，实干为要”“坚持知行合一、真抓实干，做实干家”“我们靠实干创造了辉煌的过去，还要靠实干开创更加美好的未来”……党的十八大以来，习近平总书记始终要求党员干部坚持干字当头，在中国式现代化建设中展现更大作为。今年年初，中共中央政治局常务委员会召开会议指出：“坚持干字当头，奋发有为、攻坚克难，确保党中央各项决策部署落到实处”。2025 年是“十四五”规划收官之年，要圆满完成“十四五”规划目标任务，为“十五五”良好开局打牢基础。在全面推进中国式现代化的新征程上，广大党员干部必须牢记习近平总书记的重要嘱托，把“干”字作为本职本分，埋头苦干、真抓实干，确保党中央各项决策部署落到实处。

坚持干字当头，撸起袖子加油干，充分展现了党的十八大以来党和国家事业取得历史性成就、发生历史性变革的力量所在

“奋斗”二字是马克思主义政党先进性的重要体现。翻开党章，第一章就明确规定：“中国共产党党员必须全心全意为人民服务，不惜牺牲个人的一切，为实现共产主义奋斗终身。”辩证唯物主义认为，全部社会生活在本质上是实践的。马克思主义天然具有注重实干的实践品格，正如马克思曾指出的：“哲学家们只是用不同的方式解释世界，问题在于改变世界。”

习近平总书记在2025年春节团拜会上强调：“一年来，面对复杂严峻形势，我们沉着应变、综合施策，攻坚克难、砥砺奋进，中国式现代化迈出新的坚实步伐。”从我国5%的经济增速在世界主要经济体中名列前茅，到国内生产总值首次突破130万亿元；从粮食总产量首次迈上1.4万亿斤台阶，到我国全球创新指数排名升至第十一位，是10年来创新力提升最快的经济体之一……2024年，在以习近平同志为核心的党中央坚强领导下，全国各族人民坚持以习近平新时代中国特色社会主义思想为指导，坚持干字当头，用努力和汗水浇灌出发展之果、进步之花，顺利完成经济社会发展主要目标任务。

一元复始，万象更新。进入2025年，中国人工智能大模型DeepSeek对全球用户产生极大吸引力，展现出中国人工智能技术的巨大潜力，这离不开科研团队数年如一日，日拱一卒、脚踏实地潜心研究关键核心技术；《哪吒之魔童闹海》燃动银幕，既叫好又叫座，让世

界看到中华优秀传统文化的深度与厚度，这源自近140家中国动画公司、4000余人主创团队的辛苦耕耘和共同努力……只要坚持干字当头，任何艰难险阻都挡不住中国人民追求美好生活的前进步伐，都挡不住我们推进强国建设、民族复兴的历史进程；无论哪条战线、无论哪个领域都能通过奋斗，打开改革发展新天地！

党的十八大以来，以习近平同志为核心的党中央统筹中华民族伟大复兴战略全局和世界百年未有之大变局，经受住了来自政治、经济、意识形态、自然界等方面的风险挑战考验，团结带领全党全军全国各族人民撸起袖子加油干、风雨无阻向前行，党和国家事业取得历史性成就、发生历史性变革，推动我国迈上全面建设社会主义现代化国家新征程，在党史、新中国史、改革开放史、社会主义发展史、中华民族发展史上具有里程碑意义。

比如，以习近平同志为核心的党中央把脱贫攻坚摆在治国理政的突出位置，作为实现第一个百年奋斗目标的重点任务，纳入“五位一体”总体布局和“四个全面”战略布局，作出一系列重大部署和安排，全面打响脱贫攻坚战，历史性解决困扰中华民族几千年的绝对贫困问题。300多万名第一书记和驻村干部，同近200万名乡镇干部和数百万村干部一道践行“不获全胜、决不收兵”的誓言，冲锋陷阵，奋战在扶贫一线；1800多名同志将生命永远定格在了脱贫攻坚征程上……新时代脱贫攻坚的伟大壮举再次雄辩地证明：党的十八大以来伟大成就的取得，既不是天上掉下来的，也不是别人恩赐施舍的，而是我们党领导全国各族人民干出来的。坚持干字当头，不是挂在嘴上的漂亮口号，而是一种行动指南，更是一种精神象征，它深深熔铸于我们党的血液中、基因里、精神上，成为推动党和人民事业不断前进的强大动力、精神支撑、伟大力量。

习近平总书记指出："新征程是充满光荣和梦想的远征，没有捷径，唯有实干。"党的十八大以来，党中央就党和国家事业发展作出一系列重大战略部署。比如，党的二十届三中全会确定了300多项重大改革举措。确保党中央各项决策部署落到实处，一定会面对重大挑战、重大风险、重大阻力、重大矛盾。遇到困难时，唉声叹气有用吗？抱怨埋怨有用吗？自怨自艾有用吗？没有半点用处。只有拿出马上就办、真抓实干的劲头，不等不靠、不推不拖，方能展现新担当、实现新作为，在新时代新征程上赢得更加伟大的胜利和无上的荣光！

坚持干字当头，必须学深悟透习近平新时代中国特色社会主义思想，深刻把握和运用这一重要思想的世界观、方法论和贯穿其中的立场观点方法

"工欲善其事，必先利其器。"所谓"器"，不仅是一般的工具，更是谋事做事成事的方法。方法正确，即使道路曲折，终将实现预期目标；方法错误，轻则举步维艰，重则南辕北辙。坚持干字当头，必须从掌握和运用科学方法入手，这样开展工作才能站得高、看得深、落得准。习近平新时代中国特色社会主义思想既讲是什么、为什么，又讲怎么看、怎么办，生动体现了马克思主义世界观和方法论的统一。坚持干字当头，首要的是学深悟透习近平新时代中国特色社会主义思想，坚持好、运用好贯穿其中的立场观点方法，把党的创新理论变成改造主观世界和客观世界的强大思想武器，以奋发有为的精神状态在推进中国式现代化的伟大实践中书写新辉煌、创造新业绩。

坚持干字当头，必须坚持人民至上。习近平总书记强调：“人民对美好生活的向往，就是我们的奋斗目标”“中国共产党人的初心和使命，就是为中国人民谋幸福，为中华民族谋复兴。这个初心和使命是激励中国共产党人不断前进的根本动力”。

坚持干字当头，要以人民群众满意不满意为根本标尺，始终做到想群众之所想、急群众之所急、解群众之所困，真正把惠民生的事办实、暖民心的事办细、顺民意的事办好。“先祭谷公，再祭祖宗”。每逢春节、清明，福建省东山县的百姓们之所以会自发纪念当年的县委书记谷文昌且几十年未曾改变，就是因为谷文昌率领当地人民苦战十几载，以“不治服风沙，就让风沙把我埋掉”的精神，让海岛变了天地，让百姓换了人间。

坚持干字当头，必须树牢群众观点，充分尊重群众的主体地位和首创精神。习近平总书记语重心长地说：“在人民面前，我们永远是小学生，必须自觉拜人民为师，向能者求教，向智者问策”。向人民群众学习，既要善于集中群众智慧，多到基层、多到现场寻找破解难题的“好点子”“金钥匙”，为科学决策打下坚实基础，也要充分了解民意民心民情，努力掌握老百姓所思所想所需，让干字当头更有针对性，不断满足人民对美好生活的向往。

坚持干字当头，必须坚持自信自立。习近平总书记深刻指出：“党的百年奋斗成功道路是党领导人民独立自主探索开辟出来的，马克思主义的中国篇章是中国共产党人依靠自身力量实践出来的”。

全面推进中国式现代化，必须坚定走自己的路的决心和信心，必须昂扬着独立自主的探索精神和实践精神。面对个别国家热衷于搞“脱钩断链”、建“小院高墙”，我们坚持干字当头，加快建设具有完整性、先进性、安全性的现代化产业体系，不断提升产业链供应链韧性和安全水平；面对关键核心技术“卡脖子”问题，我们迎难而上地干、务实踏实地做，加快实现高水平科技自立自强，“墨子”传信、“北斗”组网……一系列重大科技成就令世人为之惊叹，在很多领域努力实现从跟跑、并跑到领跑的跨越转变。

坚持干字当头，必须坚持对马克思主义的坚定信仰、对中国特色社会主义的坚定信念，坚定道路自信、理论自信、制度自信、文化自信，在重大政治问题上有定力、有主见，始终保持战略清醒、战略自信、战略主动，既不信邪，也不怕鬼，更不怕压，全力以赴战胜前进道路上的各种艰难险阻。

坚持干字当头，必须坚持守正创新。习近平总书记指出：“我们从事的是前无古人的伟大事业，守正才能不迷失方向、不犯颠覆性错误，创新才能把握时代、引领时代。”守正创新是我们党在新时代治国理政的重要思想方法。

坚持干字当头，就要在坚持党的全面领导、坚持马克思主义、坚持中国特色社会主义、坚持人民民主专政的基础上，敢于破旧局、辟新径，敢于说前人没有说过的新话，敢于干前人没有干过的事情。不论是力度空前的深化党和国家机构改革，还是清理和废除妨碍全国统一市场和公平竞争的各种规定和做法；无论是部署设立自贸试验区，还是城乡养老并轨……党的十八大以来，全面深化改革正是在守正创新中冲破思想观念束缚和利益固化藩篱，突进深水区、啃下硬骨头。

前进道路上，面临更多的“娄山关”“腊子口”，避免不了更多的“激流险滩”“风高浪急”，必须把创新摆在国家发展全局的突出位置，大力推进理论创新、实践创新、制度创新、文化创新以及其他各方面创新，不断开辟发展新领域新赛道，不断塑造发展新动能新优势，让创新创造的活力充分涌流、竞相迸发，推动中国式现代化披荆斩棘、行稳致远。

坚持干字当头，必须坚持问题导向。马克思指出："问题就是时代的口号，是它表现自己精神状态的最实际的呼声。"中国共产党人干革命、搞建设、抓改革，从来都是为了解决中国的现实问题。

习近平总书记指出："每个时代总有属于它自己的问题，只要科学地认识、准确地把握、正确地解决这些问题，就能够把我们的社会不断推向前进。"党的十八大以来，以习近平同志为核心的党中央聚焦我国发展和我们党执政面临的重大理论和实践问题，把问题作为研究制定政策的起点，把工作的着力点放在最突出的矛盾和问题上，把化解矛盾、破解难题作为打开局面的突破口，推动中国特色社会主义事业不断向前发展。比如，持之以恒纠治"四风"、以零容忍态度惩治腐败；持续深入打好蓝天、碧水、净土保卫战；等等，彰显了强烈的问题意识、鲜明的问题导向。

坚持干字当头，必须聚焦实践遇到的新问题、改革发展稳定存在的深层次问题、人民群众急难愁盼问题、国际变局中的重大问题、党的建设面临的突出问题真抓实干，让"问题清单"最终成为"成果清单"。

坚持干字当头，必须坚持系统观念。系统观念是辩证唯物主义的重要认识论和方法论，是具有基础性的思想和工作方法。习近平总书记强调："必须坚持系统观念、全局观念，强化战略思维、辩证思维，分轻重缓急，更加注重系统集成。"推进改革发展、调整利益关系往往牵一发而动全身。

坚持干字当头

新时代以来，党和国家事业之所以取得历史性成就、发生历史性变革，一个重要原因就是我们坚持用系统观念处理好改革发展稳定的关系，整体推进中国特色社会主义各项事业。比如，党的二十届三中全会《决定》统筹部署经济体制改革和其他各领域改革，在改革举措上突出制度、体制和机制的协同性，注重系统集成的特点非常鲜明。

坚持干字当头，必须坚持系统观念，善于通过历史看现实、通过现象看本质，从而在“乱花渐欲迷人眼”的复杂形势中把握好全局和局部、当前和长远、宏观和微观、主要矛盾和次要矛盾、特殊和一般的关系。在具体工作中，坚持干字当头，既要善于“十个指头弹钢琴”，又要真正牵住“牛鼻子”，既要做到统筹兼顾、综合平衡，又要突出重点、带动全局，打破“一亩三分地”的思维定式，通盘考虑各方面情况进展。

坚持干字当头，必须坚持胸怀天下。“世界好，中国才会好；中国好，世界会更好。”这是历史和现实给予我们的真知与启示。

习近平总书记指出：“中国共产党是为中国人民谋幸福、为中华民族谋复兴的党，也是为人类谋进步、为世界谋大同的党。”在印尼，中印尼合作建设的雅万高铁为印尼基础设施现代化开启了新篇章；在斐济，菌草这一“幸福草”结出累累“共赢果”，成为斐济人民脱贫致富的“金钥匙”；在希腊，中希共同努力让比雷埃夫斯港重焕生机……在大时代的风云际会中，中国与各方携手谋大势、担大义、行大道，朝着构建人类命运共同体的崇高目标阔步前行。

坚持干字当头，必须胸怀天下，把自身发展置于世界发展的坐标系之中，弘扬和平、发展、公平、正义、民主、自由的全人类共同价值，推进高质量共建“一带一路”，积极践行和落实全球发展倡议、全球安全倡议、全球文明倡议，让“地球村”里的国家共享和平发展繁荣，共同为人类文明进步不断作出新的更大贡献。

坚持干字当头，必须吃透党中央精神，处理好部署和落实的关系

在省部级主要领导干部学习贯彻党的二十届三中全会精神专题研讨班开班式上，习近平总书记强调：“要处理好部署和落实的关系”。干字当头的基础和前提是吃透党中央精神，对以习近平同志为核心的党中央的各项决策部署做到学深悟透、融会贯通。

筑牢政治忠诚，始终同党中央保持高度一致。天下至德，莫过于忠。政治忠诚是党员干部第一位的品质。吃透党中央精神，政治忠诚同样是摆在首位的。完整准确全面理解党中央精神，必须深刻领悟“两个确立”的决定性意义，增强“四个意识”、坚定“四个自信”、做到“两个维护”，始终在政治上站得稳、靠得住、行得正。完整准确全面理解党中央精神，必须不断提高政治敏锐性和政治鉴别力，随时同党中央精神对标对表，对可能影响党中央决策部署贯彻执行的敏感性因素、苗头性问题，做到眼睛亮、见事早、行动快，及时消除各种风险隐患，坚决维护党中央权威和集中统一领导，做到不掉队、不走偏，不折不扣贯彻好党中央精神。

提高政治站位，不断增强认识领悟的能力。正确的实践来自于对党中央精神的正确认识和全面领悟。认识能力提高了、领悟能力增强了，理解、吃透党中央精神的高度、宽度、深度就自然而然提高了、拓展了、加深了，并能够将对党中央精神完整准确全面的理解内化为

思想自觉、转化为具体举措。不断增强认识领悟的能力，关键在于对“国之大者”了然于胸，对世界大势、国之大事心中有数，时刻关注党中央在关心什么、强调什么；深刻领会什么是党和国家最重要的利益、什么是最需要坚定维护的立场，以宏大视野观全局、察形势、谋发展。党中央决策部署涉及经济社会发展全过程全链条、各领域各方面，是不可分割的有机整体，只有增强大局意识、整体意识、协同意识，充分考虑政治和经济、发展和民生、生态和开发等多方面综合因素，才能兼顾原则性与灵活性，处理好决策部署“最先一公里”和贯彻落实“最后一公里”的关系。不断增强认识领悟的能力，必须端起历史的望远镜，以动态的眼光、长远的视野，把理解掌握党中央决策部署放到国家发展大势中去研判、决策，搞清楚哪些需要长久性坚持、哪些需要时代性把握，哪些是方向性引领的、哪些又是特定条件下的具体要求。

坚持干净干事，真正把干净和担当、勤政和廉政统一起来。习近平总书记强调：“党的纪律和干事创业是内在统一的”“党的干部都是人民公仆，自当在其位谋其政，既廉又勤，既干净又干事。”“干净”，是吃透党中央精神的基本前提，如果在“干净”上有瑕疵、出问题，在理解党中央精神上就一定会打折扣；“干事”是吃透党中央精神的重要落脚点，如果在“干事”上搞变通、开小差，落实党中央精神就一定会浮于表面、纸上谈兵。推进中国式现代化是一项艰巨的事业，广大党员干部必须把自己摆进去，既要时刻坚守廉洁自律的红线底线，做到思想干净、用权干净、作风干净、生活干净，又要时刻牢记初心使命、责任担当，把想干事、肯干事、敢干事作为最朴素的方法论，把强国建设的担子挑起来、把民族复兴的责任扛起来，攻坚克难、知重负重，锐意进取、积极作为，在干净和担当、勤政和廉政的统一中，创造出无愧时代、不负人民的新业绩，不断开辟党和国家事业新天地。

扛起政治责任，不折不扣贯彻落实党中央决策部署。习近平总书记强调："制定出一个好文件，只是万里长征走完了第一步，关键还在于落实文件"。党的历史告诉我们，能否抓好落实、贯彻执行党的大政方针措施和方法是否正确，都在相当程度上影响党和人民事业的发展。新时代以来，我们党团结带领人民群众攻克许多长期没有解决的难题，办成许多事关长远的大事要事，极为重要的一条经验就是在党中央正确决策下全力以赴抓落实。不沉下心来抓落实，再好的目标、再好的蓝图，也只是镜中花、水中月。只有牢牢把握党中央决策部署的总目标、总方向、总要求，一锤接着一锤敲、撸起袖子加油干，才能积小胜为大胜、积跬步至千里。今天，进一步全面深化改革的时间表、路线图已经绘就，能否确保党中央确定的改革方向不偏离、明确的改革任务不落空，能否确保党的二十届三中全会《决定》提出的重大改革举措精准落地，能否确保改革精准对接发展所需、基层所盼、民心所向，关键就在于能否坚持干字当头，把落实中央大政方针的各项工作落细落实。

坚持干字当头，必须坚持一切从实际出发，真正做到求真务实

坚持一切从实际出发，是我们想问题、作决策、办事情的出发点和落脚点。干字当头，并不是蛮干、盲干，而是在掌握规律、方法的

基础上作决策、办事情，有针对性、创造性地贯彻落实党中央各项决策部署，从而破解发展难题、厚植发展优势，确保干一件成一件。

党的十八大以来，习近平总书记反复强调、深刻阐释坚持一切从实际出发的重要性，并作出重要要求。比如，2013年12月，习近平总书记在纪念毛泽东同志诞辰120周年座谈会上指出："不论过去、现在和将来，我们都要坚持一切从实际出发，理论联系实际，在实践中检验真理和发展真理"；2015年1月，在十八届中央政治局第二十次集体学习时指出，世界物质统一性原理是辩证唯物主义最基本、最核心的观点，是马克思主义哲学的基石，"遵循这一观点，最重要的就是坚持一切从客观实际出发，而不是从主观愿望出发"；2024年10月，在省部级主要领导干部学习贯彻党的二十届三中全会精神专题研讨班上指出："要实事求是，一切从实际出发，稳扎稳打，积小胜为大胜"；等等。深入学习领会习近平总书记的重要论述，就要全面学习掌握世界统一于物质、物质决定意识的原理，坚持以客观实际为出发点脚踏实地、埋头苦干。

坚持一切从实际出发，必须立足当代中国最大的客观实际。当代中国最大的客观实际是什么？就是我国仍处于并将长期处于社会主义初级阶段。这是我们认识当下、规划未来、制定政策、推进事业的客观基点，不能脱离这个基点，否则就会犯错误，甚至犯颠覆性的错误。但在实际工作中，有的同志或是错误政绩观作祟，或是陷入主观主义"迷潭"，拍着脑袋决策、拍着胸脯表态，盲目铺摊子、上项目，提出一些不切实际的高指标，最终对当地经济社会高质量发展造成严重影响。比如，某地不顾当地财政实际承载能力盲目举债，仅债务利息一项就给国家造成了9亿余元的重大损失，教训何其惨痛！

干字当头，必须坚持一切从实际出发，深刻认识我国国情，准确把握国际国内形势的变化，客观辩证分析我国阶段性经济特性和不同发展阶段的新变化特点，因地制宜、有的放矢地解决中国的实际问题。如此，方能往前使劲赶、干出新成效，不断增强人民群众获得感、幸福感、安全感。

坚持一切从实际出发，必须立足各地资源禀赋、发展情况千差万别的实际。我国幅员辽阔，从西北大漠到东南沿海，从东北雪原到西南雨林，有 2800 多个县级行政区、3.8 万多个乡级行政区，不同地区自然条件、经济条件差异明显。正如习近平总书记所指出：“要从实际出发，宜水则水、宜山则山，宜粮则粮、宜农则农，宜工则工、宜商则商，积极探索富有地域特色的高质量发展新路子。”

比如，发展新质生产力，重庆依托汽车制造的厚实“家底”，持续发力新能源汽车产业赛道，2024 年新能源汽车产量达 95.32 万辆，以“重庆造”助力“中国造”，推动中国新能源汽车跑出发展“加速度”；青海瞄准“承担着维护生态安全的重大使命”的战略定位，将“绿色低碳”作为产业布局的重要考量，清洁能源、盐湖化工等特色优势产业齐头并进。

再如，推进乡村全面振兴，就要充分发挥好自身比较优势，使本地区的发展建立在自身有利条件基础之上，甘肃天水打好“花牛苹果牌”，花牛苹果热销中国，出口至马来西亚等 30 多个国家和地区，成为国际果、致富果、幸福果；辽宁朝阳范杖子村大力发展生态农业，成为东北最大的甜椒生产基地之一……依托当地优势资源发展特色产业，新时代的中国乡村充满蓬勃生机。这深刻启示我们，坚持干字当头，必须深入研究客观现象、分析客观规律、把握客观要求，从实际发展空间入手，立足自身、因地制宜，从而将发展的主动权、历史的主动权牢牢握在自己手中。

坚持干字当头，必须鼓足干事创业的精气神，始终保持锐意进取的精神状态和迎难而上的奋斗姿态

致力非凡之事业，定有非凡之精神。良好的精神状态，是做好一切工作的重要前提。习近平总书记要求领导干部，“振奋起共产党人应有的精气神，把全部精力用到干事创业上”。在全面推进中国式现代化的新征程上，每一名党员干部唯有振奋起干事创业的精气神，以“时时放心不下”的责任感担当作为，方能在坚持干字当头中打开一片党和人民事业发展的新天地。

鼓足干字当头的精气神，就要永葆干事创业的心态状态姿态。习近平总书记深刻指出：“我们党之所以历经百年而风华正茂、饱经磨难而生生不息，就是凭着那么一股革命加拼命的强大精神。”人无精神则不立，国无精神则不强。这种“精神”，就是干事创业的心态状态姿态。井冈山精神、长征精神、“两弹一星”精神、脱贫攻坚精神……以伟大建党精神为源头的中国共产党人精神谱系跨越时空、历久弥新，鼓舞和激励着我们始终提着那么一口气，鼓着那么一股劲，葆有那么一种精气神，风雨无阻、勇往直前。新时代，要有新的精神状态；新使命，更需要新的奋斗姿态。唯有永葆干事创业的心态状态姿态，以逢山开路、遇水架桥的闯劲顽强拼搏、不懈奋斗、善作善为，才能不断书写新的历史、创造新的更大奇迹。

鼓足干字当头的精气神，就要点燃迎难而上的热情激情豪情。“历

史的道路不是涅瓦大街上的人行道”。习近平总书记曾引用车尔尼雪夫斯基的名言，生动譬喻事物发展的前进性和曲折性。越是伟大的事业，越是充满挑战。前进道路怎么可能一马平川？必定会有艰难险阻。当前世界百年未有之大变局加速演进，我国发展进入战略机遇和风险挑战并存、不确定难预料因素增多的时期。推进中国式现代化，是一项前无古人的开创性事业。今天，历史的接力棒已经交到我们这一代人手中，需要每一个奋斗者以“功成不必在我”的精神境界和“功成必定有我”的历史担当，心里装着理想、装着事业、装着人民，始终点燃心中“那团火”，叫响“我先上”的号子，努力接好这一棒，干起来、跑起来，甩开膀子、真刀真枪干一场。唯有以迎难而上的热情激情豪情，保持“越是艰险越向前”的英雄气概，激发“斗罢艰险又出发”的壮志豪情，坚定“不破楼兰终不还”的决心信心，过了一山再登一峰、跨过一沟再越一壑，才能坚决顶起自己该顶的那片天。

鼓足干字当头的精气神，就要激发一往无前的干劲闯劲韧劲。在《红星照耀中国》一书中，美国记者埃德加·斯诺称中国共产党人是“最优秀的男女”，有着“经久不衰的热情、始终如一的希望、令人惊诧的革命乐观情绪，像一把烈焰，贯穿着这一切”。这把“烈焰”是激发潜能、奋力一跃的干劲，是逢山开路、遇水架桥的闯劲，是兢兢业业、埋头苦干的韧劲。廖俊波“认准的事，背着石头上山也要干”，为百姓排忧解难，为地区发展筹谋奔波，打拼到生命最后一刻；李保国践行“你的幸福我包了”，用科技把荒山秃岭抛进历史；黄大发兑现了“水过不去、拿命来铺”的誓言，带领群众在悬崖绝壁上开凿出一条“生命渠”；“人民科学家”王小谟深知关键核心技术是买不来的，带领团队咬紧牙关、多年攻关，最终成功研发出国产预警机，并创造了世界预警机发展史上的 9 个第一……

凡是有利于党和人民的事，中国共产党人就坚持干字当头，事不避难、义不逃责，攻关夺隘、百折不挠，大胆地干、坚决地干！

（《人民日报》2025 年 2 月 28 日第 9 版）

目录

第一章

坚持干字当头，必须学深悟透习近平新时代中国特色社会主义思想，深刻把握和运用这一重要思想的世界观、方法论和贯穿其中的立场观点方法

第二章

坚持干字当头，必须吃透党中央精神，处理好部署和落实的关系

第三章

坚持干字当头，必须坚持一切从实际出发，真正做到求真务实

第四章

坚持干字当头，必须鼓足干事创业的精气神，始终保持锐意进取的精神状态和迎难而上的奋斗姿态

坚持干字当头

第一章

坚持干字当头，必须学深悟透习近平新时代中国特色社会主义思想，深刻把握和运用这一重要思想的世界观、方法论和贯穿其中的立场观点方法

把必须坚持人民至上领会好运用好

孙庆聚

当前，全党正在深入开展学习贯彻习近平新时代中国特色社会主义思想主题教育。这次主题教育就是要推动全党特别是领导干部不断把学习贯彻习近平新时代中国特色社会主义思想引向深入。学深悟透习近平新时代中国特色社会主义思想，要把握这一重要思想的世界观、方法论和贯穿其中的立场观点方法。党的二十大报告提出了继续推进理论创新的科学方法，即必须坚持人民至上、必须坚持自信自立、必须坚持守正创新、必须坚持问题导向、必须坚持系统观念、必须坚持胸怀天下。这“六个必须坚持”是习近平新时代中国特色社会主义思想的立场观点方法的重要体现，其中“必须坚持人民至上”位列第一。马克思主义是人民的理论。必须坚持人民至上，在习近平新时代中国特色社会主义思想中具有基础性、根本性的地位和作用。坚持用习近平新时代中国特色社会主义思想凝心铸魂，推动主题教育扎实开展、取得实效，就要深刻领悟、准确把握必须坚持人民至上这一重要立场观点方法，将其转化为自身改造主观世界和客观世界的强大思想武器，真正做到内化于心、外化于行。

人民性是马克思主义的本质属性

习近平总书记指出："马克思主义是人民的理论，第一次创立了人民实现自身解放的思想体系。"在人类思想史上，马克思主义第一次站在人民的立场探求人类自由解放的道路，人民性是马克思主义的本质属性。马克思、恩格斯论证了历史的真正创造者是人民群众，指出："历史上的活动和思想都是'群众'的思想和活动""历史活动是群众的事业"。列宁继承发展了马克思、恩格斯的人民观，更加重视人民群众在历史发展中的重要作用："随着人们历史创造活动的扩大和深入，作为自觉的历史活动家的人民群众在数量上也必定增多起来""生气勃勃的创造性的社会主义是由人民群众自己创立的"。马克思主义植根人民之中，指明了依靠人民推动历史前进的人间正道，对人类社会产生了前所未有的深刻影响。

十月革命一声炮响，给中国送来了马克思列宁主义。中国共产党坚持以马克思主义为指导，在把马克思主义基本原理同中国具体实际相结合、同中华优秀传统文化相结合的历史进程中展开党的理论探索史。在这部不断开辟马克思主义中国化时代化新境界的历史中，中国共产党人在推进理论创新、进行理论创造时始终坚守人民性这个马克思主义的本质属性。毛泽东同志认为："真正的铜墙铁壁是什么？是群众，是千百万真心实意地拥护革命的群众。这是真正的铜墙铁壁，什么力量也打不破的，完全打不破的""中国的命运一经操在人民自己的手里，中国就将如太阳升起在东方那样，以自己的辉煌的光焰普照大地"。

在改革开放和社会主义现代化建设新时期，邓小平同志指出："不发展生产力，不提高人民的生活水平，不能说是符合社会主义要求的"，强调"是否有利于提高人民的生活水平"是评判我国改革得失成败的标准之一。江泽民同志把"全心全意为人民服务，立党为公，执政为民"作为我们党同一切剥削阶级政党的根本区别，指出"我们党要始终代表中国最广大人民的根本利益，就是党的理论、路线、纲领、方针、政策和各项工作，必须坚持把人民的根本利益作为出发点和归宿"。胡锦涛同志明确科学发展观"核心是以人为本"，要求各级领导干部"做到权为民所用、情为民所系、利为民所谋"。

中国特色社会主义进入新时代，习近平总书记指出："我们党来自于人民，为人民而生，因人民而兴""以百姓心为心，与人民同呼吸、共命运、心连心，是党的初心，也是党的恒心""让人民生活幸福是'国之大者'""人民对美好生活的向往就是我们的奋斗目标"……习近平总书记始终把人民挂在心头、念在心里，习近平新时代中国特色社会主义思想的实质就是"人民至上论""人民幸福论"。回顾党的百余年理论探索史，正是因为我们党坚持和发展马克思主义的人民性，党的创新理论不断彰显旺盛生命力，始终得到亿万人民拥护支持，科学指引人民取得一个又一个胜利。

坚持人民至上是习近平新时代中国特色社会主义思想中贯穿的一条红线

坚持人民至上，就是要坚持以人民为中心，依靠人民开创历史伟业，带领人民创造美好生活。党的十八大以来，历史的接力棒交到了以习近平同志为主要代表的中国共产党人手中。习近平总书记是来自人民、扎根人民，在人民中历练、在人民中成长，得到人民拥护、深受人民爱戴的人民领袖；习近平新时代中国特色社会主义思想的理论基点、价值支点、实践原点就是坚持人民至上。更好领会习近平新时代中国特色社会主义思想的精髓要义，就要深刻领会必须坚持人民至上是习近平新时代中国特色社会主义思想的根本立场，是继续推进马克思主义中国化时代化的根本出发点。

把握理论基点。马克思主义是人民的理论。作为当代中国马克思主义、二十一世纪马克思主义，习近平新时代中国特色社会主义思想中贯穿的一条红线就是坚持人民至上。必须坚持人民至上之所以位列“六个必须坚持”之首，就是因为这是习近平新时代中国特色社会主义思想的根本立场，是这一重要思想的世界观、方法论和贯穿其中的立场观点方法最鲜明的内容之一。习近平总书记对人民利益尽心尽责，对百姓冷暖念兹在兹，具有与人民心心相印、同甘共苦的真挚情怀。习近平新时代中国特色社会主义思想将坚持人民至上作为自身的理论基点，把为了人民、造福人民作为不断推进马克思主义中国化时代化的原动力，真正实现了人民利益、人民心声的集中表达。

坚守价值支点。坚持人民至上，是理论论断，也是价值判断。习近平新时代中国特色社会主义思想把一切为了人民作为治国理政的根本价值取向。习近平总书记指出：“我们的目标很宏伟，但也很朴素，归根结底就是让全体中国人都过上更好的日子。”同时，习近平新时代中国特色社会主义思想将人民利益作为评判党的一切工作的标准。习近平总书记指出：“党的一切工作必须以最广大人民根本利益为最高标准”“检验我们一切工作的成效，最终都要看人民是否真正得到了实惠，人民生活是否真正得到了改善，人民权益是否真正得到了保障”“把人民拥护不拥护、赞成不赞成、高兴不高兴、答应不答应作为衡量一切工作得失的根本标准”。正是因为深深扎根人民、紧紧依靠人民、始终彰显人民至上的价值取向，习近平新时代中国特色社会主义思想开辟了马克思主义中国化时代化新境界。

立足实践原点。习近平新时代中国特色社会主义思想不但具有真理力量，而且不断彰显实践伟力。正是在实践中始终坚持人民至上，新时代党和国家事业取得历史性成就、发生历史性变革。习近平总书记强调：“为人民过上更加美好生活而矢志奋斗”“增进民生福祉是发展的根本目的”，充分体现一切为了人民；习近平总书记强调：“我们要紧紧依靠人民，充分发挥人民主体作用，尊重人民首创精神，为了人民干事创业，依靠人民干事创业”，充分体现一切依靠人民。新时代十年，我们在实践中坚持一切为了人民，建成世界上规模最大的教育体系、社会保障体系、医疗卫生体系，人民生活全方位改善，人民群众获得感、幸福感、安全感更加充实、更有保障、更可持续；我们在实践中坚持一切依靠人民，真心尊崇人民、真诚相信人民、真正依靠人民，稳经济、促发展，战贫困、建小康，控疫情、抗大灾，应变局、化危机，攻克了一个个看似不可攻克的难关险阻，创造了一个个令人刮目相看的人间奇迹，成功推进和拓展了中国式现代化。

答好新时代新征程“人民至上”考题

习近平总书记指出：“只有准确把握包括‘六个必须坚持’在内的新时代中国特色社会主义思想的立场观点方法，才能更好领会新时代中国特色社会主义思想的精髓要义，才能把思想方法搞对头，认识问题才站得高，分析问题才看得深，开展工作也才能把得准，确保张弛有度、收放自如。”深入学习贯彻习近平新时代中国特色社会主义思想，要把必须坚持人民至上领会好、运用好，答好新时代新征程“人民至上”考题。

坚持站稳人民立场。习近平总书记指出：“人民立场是中国共产党的根本政治立场，是马克思主义政党区别于其他政党的显著标志。”坚持站稳人民立场，要始终代表最广大人民的根本利益，与人民休戚与共、生死相依，始终同人民同呼吸、共命运、心连心。要把为人民谋幸福作为根本使命，把人民利益摆在至高无上的地位，坚持全心全意为人民服务的根本宗旨，坚持发展为了人民、发展依靠人民、发展成果由人民共享，让改革发展成果更多更公平惠及全体人民，朝着实现全体人民共同富裕不断迈进。

坚持树牢群众观点。习近平总书记指出：“人民是创造历史的动力，我们共产党人任何时候都不要忘记这个历史唯物主义最基本的道理。”人民群众有着无尽的智慧和力量，是决定我们前途命运的根本力量。坚持树牢群众观点，要尊重人民主体地位和首创精神，始终相信人民，紧紧依靠人民，充分调动广大人民的积极性、主动性、创造性，凝聚起众志成城的磅礴之力，团结带领人民共同创造新的历史伟业。我们要深刻认识到，前进道路上，无论是风高浪急还是惊涛骇浪，人民永远是我们党最坚实的依托、最强大的底气。

坚持贯彻群众路线。群众路线是我们党始终坚持的根本工作方法。习近平总书记指出：“不论过去、现在和将来，我们都要坚持一切为了群众，一切依靠群众，从群众中来，到群众中去，把党的正确主张变为群众的自觉行动，把群众路线贯彻到治国理政全部活动之中。”坚持贯彻党的群众路线，要始终保持党同人民群众的血肉联系，对群众有感情，真正把自己当作群众的一员，把群众的事当作自己的事。要始终接受人民批评和监督，积极回应群众关切，切实解决群众最关心最直接最现实的利益问题，使我们党永远赢得人民群众信任和拥护。

（《人民日报》2023 年 4 月 10 日第 9 版）

深刻把握必须坚持自信自立这一立场观点方法

王　易

把学习贯彻习近平新时代中国特色社会主义思想不断引向深入，既要全面系统地学习掌握这一重要思想的主要内容，又要整体把握这一重要思想的科学体系，还必须深刻把握这一重要思想的世界观、方法论和贯穿其中的立场观点方法。党的二十大报告提出的“六个必须坚持”，是继续推进理论创新的科学方法，也是习近平新时代中国特色社会主义思想的立场观点方法的重要体现。新时代新征程，我们要深刻认识和把握“必须坚持自信自立”，更好学习领会习近平新时代中国特色社会主义思想的精髓要义，继续推进实践基础上的理论创新，不断谱写马克思主义中国化时代化新篇章。

自信是中国共产党素有的精神气度，自立是我们立党立国的重要原则

自信才能自立，自立才能自强。习近平总书记指出：“中国人民和中华民族从近代以后的深重苦难走向伟大复兴的光明前景，从来就没

有教科书，更没有现成答案。”党的十八大以来，以习近平同志为主要代表的中国共产党人不断推进马克思主义中国化时代化，让马克思主义永葆蓬勃生机，这正是自信自立精神气度的有力彰显。必须坚持自信自立，不是凭空产生的，而是融通了马克思主义的思想精髓和中华文化的精神特质，具有深刻的历史底蕴、实践基础和文化根基。

源自对科学真理的坚持。习近平总书记指出：“马克思主义为中国革命、建设、改革提供了强大思想武器，使中国这个古老的东方大国创造了人类历史上前所未有的发展奇迹。”拥有科学理论的政党，才能拥有真理的力量，才能自信自立；科学理论指导的事业，才能拥有光明的前途，才能不断发展进步。马克思主义揭示了人类社会发展规律，是认识世界、改造世界的科学真理。100多年来，我们党不断推进马克思主义中国化时代化，用马克思主义中国化时代化的科学理论引领伟大实践。马克思主义的科学性和真理性在中国得到充分检验，马克思主义的人民性和实践性在中国得到充分贯彻，马克思主义的开放性和时代性在中国得到充分彰显。拥有马克思主义科学理论指导是我们党坚持自信自立的根本所在。

源自中华民族辉煌灿烂的5000多年文明发展史。习近平总书记指出：“回顾历史，支撑我们这个古老民族走到今天的，支撑5000多年中华文明延绵至今的，是植根于中华民族血脉深处的文化基因。”中华民族在漫长的历史进程中生生不息，历经挫折而不屈，屡遭坎坷而不馁，靠的就是坚持自信自立。100多年来，我们党秉持对中华优秀传统文化生命力、创造力的高度自信心，深刻认识到中华优秀传统文化是中华民族的精神命脉，坚持把马克思主义基本原理同中国具体实际相结合、同中华优秀传统文化相结合，用马克思主义指导中华文化和中国精神的传承和发展，使中华民族以昂扬姿态屹立于世界东方。

源自中国共产党100多年奋斗历程的历史经验。习近平总书记指出：“我们党在革命、建设、改革各个历史时期，坚持从我国国情出发，探索并形成了符合中国实际的新民主主义革命道路、社会主义改造和社会主义建设道路、中国特色社会主义道路，这种独立自主的探索精神，这种坚持走自己路的坚定决心，是我们党不断从挫折中觉醒、不断从胜利走向胜利的真谛。”历史是最好的教科书。100多年来，我们党团结带领全国各族人民为争取民族独立、人民解放和实现国家富强、人民幸福而不懈奋斗，自信自立始终贯穿于我们党立党立国、兴党兴国的光辉历程。

习近平新时代中国特色社会主义思想贯穿着坚持走自己的路的坚定信心和决心

走自己的路，是党的全部理论和实践立足点，更是党百年奋斗得出的历史结论。中国特色社会主义进入新时代，面对具有许多新的历史特点的伟大斗争，以习近平同志为主要代表的中国共产党人创立了习近平新时代中国特色社会主义思想，科学回答中国之问、世界之问、人民之问、时代之问。必须坚持自信自立，贯穿着我们坚持走自己的路的坚定信心和决心。

坚持道路上的自信自立。习近平总书记指出：“中国特色社会主义道路，开拓于中国人民共同奋斗，扎根于中华大地，是给中国人民带来幸福安宁的正确道路。”方向决定道路，道路决定命运。坚持道路上的自信自立，这是习近平新时代中国特色社会主义思想的重要内容，也是新时代党和国家事业取得历史性成就、发生历史性变革的一个根本原因。新时代十年的伟大变革，再次印证“当今世界，要说哪个政党、哪个国家、哪个民族能够自信的话，那中国共产党、中华人民共和国、中华民族是最有理由自信的”。历史已经并将继续证明，在习近平新时代中国特色社会主义思想科学指引下，中国特色社会主义道路不仅走得对、走得通，而且走得稳、走得好。

坚持理论上的自信自立。习近平总书记指出：“拥有马克思主义科学理论指导是我们党坚定信仰信念、把握历史主动的根本所在。”理论上清醒，政治上才能坚定，行动上才能坚决。习近平新时代中国特色社会主义思想作为中国共产党人改造主观世界和客观世界的强大思想武器，为实现中华民族伟大复兴提供了正确指引，为推进和拓展中国式现代化提供了科学指南，为促进世界和平发展与人类进步事业贡献了中国智慧和中国方案。新时代十年的伟大变革充分展现了习近平新时代中国特色社会主义思想这一当代中国马克思主义、二十一世纪马克思主义的真理力量和实践伟力。历史已经并将继续证明，只有坚持理论上的自信自立，全面贯彻习近平新时代中国特色社会主义思想，我们才能继续推进实践基础上的理论创新，奋力开创新时代中国特色社会主义事业新局面。

坚持制度上的自信自立。习近平总书记指出：“在人类文明发展史上，除了中国特色社会主义制度和国家治理体系外，没有任何一种国家制度和国家治理体系能够在这样短的历史时期内创造出我国取得的经济快速发展、社会长期稳定这样的奇迹。”制度稳则国家稳，制度强则国家强。在新时代推进制度建设的实践中，习近平总书记创造性地提出一系列新理念新思想新战略，深化了对中国特色社会主义制度本质特点、建设规律、优势效能等的认识，为新时代制度建设提供了根本遵循，中国特色社会主义制度展现出旺盛生机活力和强大治理效能。历史已经并将继续证明，在习近平新时代中国特色社会主义思想科学指引下，中国特色社会主义制度一定能够为党和国家事业发展、为人民幸福安康、为社会和谐稳定、为国家长治久安提供坚强保障。

坚持文化上的自信自立。习近平总书记指出："文化自信，是更基础、更广泛、更深厚的自信，是更基本、更深沉、更持久的力量。坚定文化自信，是事关国运兴衰、事关文化安全、事关民族精神独立性的大问题。"党的十八大以来，在以习近平同志为核心的党中央坚强领导下，在习近平新时代中国特色社会主义思想科学指引下，我国文化建设取得历史性成就、发生历史性变革，呈现文化兴国运兴、文化强民族强的生动图景，全党全国各族人民文化自信更加坚定。历史已经并将继续证明，只要我们坚持以习近平新时代中国特色社会主义思想为指导，坚持文化上的自信自立，就一定能够推进文化自信自强，建成社会主义文化强国。

坚持自信自立，不断谱写马克思主义中国化时代化新篇章

习近平总书记指出："不断谱写马克思主义中国化时代化新篇章，是当代中国共产党人的庄严历史责任。"必须坚持自信自立深刻揭示了习近平新时代中国特色社会主义思想的理论品格和鲜明特质，是我们继续推进理论创新必须始终坚持的基本点。新征程上，我们要全面贯彻习近平新时代中国特色社会主义思想，坚持自信自立，从中国实际出发，洞察时代大势，把握历史主动，在新时代伟大实践中不断谱

写马克思主义中国化时代化新篇章。

在坚定不移推进和拓展中国式现代化中谱写马克思主义中国化时代化新篇章。习近平总书记指出："从现在起，中国共产党的中心任务就是团结带领全国各族人民全面建成社会主义现代化强国、实现第二个百年奋斗目标，以中国式现代化全面推进中华民族伟大复兴。"党的十八大以来，我们党在已有基础上继续前进，不断实现理论和实践上的创新突破，成功推进和拓展了中国式现代化。继续推进和拓展中国式现代化，必然会遇到各种可以预料和难以预料的风险挑战、艰难险阻甚至惊涛骇浪。我们必须坚持以习近平新时代中国特色社会主义思想为指导，坚持自信自立，在重大政治问题上有定力、有主见，不信邪、不怕鬼、不怕压，保持战略清醒、战略自信、战略主动，聚焦实践遇到的新问题、改革发展稳定存在的深层次问题、人民群众急难愁盼问题、国际变局中的重大问题、党的建设面临的突出问题，不断提出新理念新思路新办法，得出符合客观规律的科学认识，形成与时俱进的理论成果，更好推进和拓展中国式现代化，不断谱写马克思主义中国化时代化新篇章。

在发扬历史担当和创造精神中谱写马克思主义中国化时代化新篇章。坚持和发展马克思主义，从理论到实践都需要全世界的马克思主义者进行极为艰巨、极具挑战性的努力。当前，世界之变、时代之变、历史之变正以前所未有的方式展开，人类社会面临前所未有的挑战。习近平新时代中国特色社会主义思想作为当代中国马克思主义、二十一世纪马克思主义，立足时代之基、回答时代之问、引领时代之变，充分体现历史担当和创造精神，开辟了马克思主义中国化时代化新境界，使马克思主义以崭新形象展现在世界上。新征程上，我们必须坚持以习近平新时代中国特色社会主义思想为指导，充分发扬历史担当和创造精神，坚持对马克思主义的坚定信仰、对中国特色社会主义的坚定信念，坚定道路自信、理论自信、制度自信、文化自信，勇于结合新的实践不断推进理论创新，善于用新的理论指导新的实践，以思想的力量激扬奋进的力量，以理论的主动把握历史的主动，让马克思主义展现出更强大、更有说服力的真理力量。

（《人民日报》2023 年 4 月 11 日第 9 版）

彰显新时代守正创新的鲜明气象

秦　刚

习近平总书记在学习贯彻习近平新时代中国特色社会主义思想主题教育工作会议上强调："要全面学习领会新时代中国特色社会主义思想，全面系统掌握这一思想的基本观点、科学体系，把握好这一思想的世界观、方法论，坚持好、运用好贯穿其中的立场观点方法，不断增进对党的创新理论的政治认同、思想认同、理论认同、情感认同，真正把马克思主义看家本领学到手，自觉用新时代中国特色社会主义思想指导各项工作。"党的二十大报告提出了继续推进理论创新的科学方法，即"六个必须坚持"。这"六个必须坚持"，是习近平新时代中国特色社会主义思想的立场观点方法的重要体现。"必须坚持守正创新"是其中的一个重要方面。坚持守正创新，是我们党百年来推进马克思主义中国化时代化得出的规律性认识，是中国特色社会主义新时代的鲜明气象，是习近平新时代中国特色社会主义思想的显著标识。我们要坚持不懈用习近平新时代中国特色社会主义思想凝心铸魂，把这一重要思想的世界观、方法论和贯穿其中的立场观点方法转化为自己的思想武器，坚持守正创新、与时俱进，不断赢得优势、赢得主动、赢得未来。

党的思想理论和实践发展的重要经验

习近平总书记指出："我们党的历史，就是一部不断推进马克思主义中国化的历史，就是一部不断推进理论创新、进行理论创造的历史。"坚持守正创新，是对党的思想理论和实践发展重要经验的深刻总结，也是中国共产党人不断推进理论创新、进行理论创造的重要思想方法和工作方法。

坚持守正创新，深刻彰显马克思主义的开放性和时代性。作为不断发展的开放的科学理论，马克思主义始终站在时代前沿。马克思、恩格斯在《共产党宣言》1872年德文版序言中指出，对于《共产党宣言》基本原理的运用，"随时随地都要以当时的历史条件为转移"。恩格斯强调："我们的理论是发展着的理论，而不是必须背得烂熟并机械地加以重复的教条。"这些论述中包含着守正创新的理论追求和实践要求。坚持守正创新，深刻体现马克思主义思想方法和工作方法的内在要求，是马克思主义思想方法和工作方法的中国化、时代化表达。

中国共产党人是马克思主义的坚定信仰者和实践者，也是中华优秀传统文化的忠实传承者和弘扬者。中华文明绵延传承至今从未中断，总是在包容并蓄中不断发展。"周虽旧邦，其命维新""政者，正也""明者因时而变，知者随事而制"等思想主张，彰显了恪守正道、与时俱进、革故鼎新的优秀品质和优良传统，为中华民族生生不息、发展壮大提供了不竭动力。在运用马克思主义认识和解决中国实际问题的过程中，我们党把马克思主义的世界观、方法论同中华优秀传统文化相结合，形成了坚持守正创新的科学思想方法和工作方法，为党和国家事业发展提供了既一脉相承又与时俱进的科学理论指导。

习近平总书记强调："守正才能不迷失方向、不犯颠覆性错误，创新才能把握时代、引领时代。"党的十八大以来，以习近平同志为主要代表的中国共产党人坚持守正创新，坚持马克思主义基本原理不动摇，坚持党的全面领导不动摇，坚持中国特色社会主义不动摇，以道不变、志不改的坚定，坚定不移走好自己的路，心无旁骛做好自己的事，奋力开创党和国家事业发展新局面。同时，把坚持马克思主义和发展马克思主义统一起来，把马克思主义基本原理同中国具体实际相结合、同中华优秀传统文化相结合，开辟了马克思主义中国化时代化新境界，创造了新时代中国特色社会主义的伟大成就。坚持守正创新，体现对历史发展规律的深刻洞察、对历史正确方向的科学把握，为新时代中国共产党人认识世界、改造世界提供了科学方法论指导。

新时代坚持和发展中国特色社会主义理论和实践的客观要求

习近平总书记强调："我们通过守正创新形成了中国特色社会主义理论体系，守正就不能偏离马克思主义、社会主义，但不是刻舟求剑，还要往前发展、与时俱进，否则就是僵化的、陈旧的、过时的。"坚持守正创新，是新时代坚持和发展中国特色社会主义理论和实践的客观要求，彰显中国特色社会主义新时代的鲜明气象。

坚持和发展中国特色社会主义是一项开创性伟大事业，同时也是一项长期而艰巨的历史任务，凝结着几代中国共产党人的心血和智慧，是我们党带领人民坚持守正创新、与时俱进、团结奋斗取得的宝贵成果。中国特色社会主义进入新时代，面对世情国情党情的新变化，面对前所未有的风险考验，在以习近平同志为核心的党中央坚强领导下，在习近平新时代中国特色社会主义思想科学指引下，我们党坚持守正创新，在立场、方向、原则、道路等根本性问题上旗帜鲜明、毫不含糊，着力正本清源、固本培元，同时，科学把握国际国内新形势，以巨大的理论创新勇气，以一系列原创性治国理政新理念新思想新战略，推动党和国家事业发生全方位、开创性、深层次、根本性变革。

习近平新时代中国特色社会主义思想科学阐明：我们依然处在马克思主义所指明的历史时代，在坚持以马克思主义为指导这一根本问题上，必须坚定不移，任何时候任何情况下都不能动摇；中国特色社会主义是科学社会主义理论逻辑和中国社会发展历史逻辑的辩证统一，是根植于中国大地、反映中国人民意愿、适应中国和时代发展进步要求的科学社会主义，是实现中华民族伟大复兴的必由之路；中国特色社会主义最本质的特征是中国共产党领导，中国特色社会主义制度的最大优势是中国共产党领导……坚持以习近平新时代中国特色社会主义思想为指导，新时代中国共产党人奋力推进实践基础上的理论创新，以新的理论指导新的实践，在科学回答中国之问、世界之问、人民之问、时代之问中攻克了许多长期没有解决的难题，办成了许多事关长远的大事要事，推动中华民族伟大复兴进入了不可逆转的历史进程。

习近平总书记指出："我国社会主义只有几十年实践、还处在初级阶段，事业越发展新情况新问题就越多，也就越需要我们在实践上大胆探索、在理论上不断突破。"新时代十年的伟大变革，充分彰显我们党守正创新的理论自觉和历史主动，极大增强了中国人民的民族自信心自豪感。世界在变化、时代在前进，在坚持和发展中国特色社会主义的伟大进程中还有许多重大课题需要深入探索和解答。只有坚持守正创新，以科学的态度对待科学、以真理的精神追求真理，才能紧跟时代步伐，顺应实践发展，推动中国特色社会主义伟大事业不断胜利前进。

为推进中国式现代化提供重要方法论指导

中国式现代化是强国建设、民族复兴的康庄大道。推进中国式现代化这项前无古人的探索性事业，必须坚持守正创新，在守正中把稳舵盘、保持航向，在创新中寻求突破、扬帆远航，确保中国式现代化行稳致远。

在学习贯彻党的二十大精神研讨班开班式上，习近平总书记深刻阐述了推进中国式现代化需要处理好的若干重大关系，其中一个就是守正与创新的关系。守正与创新相辅相成，体现变与不变、继承与发展、原则性与创造性的辩证统一。守正并不等于墨守成规、一成不变，创新也不是无本之木、无源之水。只有在创新的过程中守正，才能避免故步自封，做到与时俱进、推陈出新；只有在守正的基础上创新，才能坚持正确方向，实现根深叶茂、源远流长。

党的十八大以来，我们党坚持以习近平新时代中国特色社会主义思想为指导，坚持守正创新的科学方法论，对我国这样一个东方大国如何加快实现现代化在认识上不断深入、战略上不断完善、实践上不断丰富，不断深化对中国式现代化的内涵和本质的认识，概括形成中国式现代化的中国特色、本质要求和重大原则，初步构建中国式现代化的理论体系。在推进中国式现代化伟大进程中，以习近平同志为核心的党中央始终坚守中国式现代化的本和源、根和魂，毫不动摇坚持中国式现代化的中国特色、本质要求和重大原则，坚持党的基本理论、基本路线、基本方略，坚持党的十八大以来的一系列重大方针政策，确保中国式现代化的正确方向。习近平新时代中国特色社会主义思想深刻阐明中国式现代化是中国共产党领导的社会主义现代化，既有各国现代化的共同特征，更有基于自己国情的中国特色，并明确了全面建成社会主义现代化强国、以中国式现代化全面推进中华民族伟大复兴的中心任务。

在坚持正确方向的前提下，我们党把创新摆在国家发展全局的突出位置，大力推进理论创新、实践创新、制度创新、文化创新以及其他各方面创新，不断开辟发展新领域新赛道，塑造发展新动能新优势，推进一系列变革性实践、实现一系列突破性进展、取得一系列标志性成果，推动党和国家事业取得历史性成就、发生历史性变革，特别是消除了绝对贫困问题，全面建成小康社会，为中国式现代化提供了更为完善的制度保证、更为坚实的物质基础、更为主动的精神力量。正是坚持守正与创新的辩证统一，中国式现代化深深植根于中华优秀传统文化，体现科学社会主义的先进本质，借鉴吸收一切人类优秀文明成果，代表人类文明进步的发展方向，展现不同于西方现代化模式的新图景，成为一种全新的人类文明形态。

习近平总书记强调："推进中国式现代化是一个探索性事业，还有许多未知领域，需要我们在实践中去大胆探索，通过改革创新来推动事业发展，决不能刻舟求剑、守株待兔。"当前，世界之变、时代之变、历史之变正以前所未有的方式展开，世界百年未有之大变局加速演进。

在以中国式现代化全面推进中华民族伟大复兴的征程上，我们既面临新的机遇，也面临许多新的风险和挑战。坚持守正创新，把国家和民族发展放在自己力量的基点上、把中国发展进步的命运牢牢掌握在自己手中，就一定能够不断夺取全面建设社会主义现代化国家新胜利，把我国建设成为富强民主文明和谐美丽的社会主义现代化强国。

（《人民日报》2023 年 4 月 12 日第 9 版）

深刻把握坚持问题导向的科学内涵和实践要求

顾海良

“必须坚持问题导向”，是党的二十大报告提出的“六个必须坚持”中的一项重要内容。问题是时代的声音，回答并指导解决问题是理论的根本任务。新时代新征程，我们要深刻认识和把握坚持问题导向的科学内涵和实践要求，着眼解决新时代改革开放和社会主义现代化建设的实际问题，不断提出真正解决问题的新理念新思路新办法，开辟马克思主义中国化时代化新境界。

对马克思主义矛盾观的坚持和发展

马克思主义认为，矛盾是普遍存在的，是事物联系的实质内容和事物发展的根本动力。问题是事物矛盾的表现形式，坚持问题导向是对马克思主义矛盾观的坚持和发展。坚持问题导向，在世界观和方法论上就是要承认矛盾的普遍性、客观性；在工作和实践中就是要把解决实际问题作为打开工作局面的突破口。

党的十八大以来，我国内外环境发生了极为广泛而深刻的变化，我国发展面临一系列突出矛盾和挑战，前进道路上还有不少困难和问题，如发展中不平衡、不协调、不可持续问题依然突出，科技创新能力不强，产业结构不合理，发展方式依然粗放，城乡区域发展和收入分配差距依然较大，等等。习近平总书记深刻指出："解决这些问题，关键在于深化改革。"这一重大论断正是在坚持问题导向的基础上提出的。

习近平总书记指出："改革是由问题倒逼而产生，又在不断解决问题中得以深化""要有强烈的问题意识，以重大问题为导向，抓住重大问题、关键问题进一步研究思考，找出答案，着力推动解决我国发展面临的一系列突出矛盾和问题"。习近平总书记关于全面深化改革的重要论述，对新时代改革发展一系列重大问题进行深入思考和科学判断，对全面深化改革提出一系列新理念新思想新战略，是我们党在改革理论上的重大升华。在习近平新时代中国特色社会主义思想的科学指引下，我们全面深化改革开放，不断推进理论创新、实践创新、制度创新，坚决破除各方面体制机制弊端，推动各领域基础性制度框架基本建立，许多领域实现历史性变革、系统性重塑、整体性重构，中国特色社会主义制度更加成熟更加定型，国家治理体系和治理能力现代化水平明显提高。

对马克思主义发展观的坚持和发展

马克思主义从世界普遍联系和永恒发展的基本观点出发，把社会看作是一个有机联系和发展的整体，认为社会发展有其内在客观规律。

人生活在自然界之中，能发挥自己的主观能动性去改造自然，但这种改造是以尊重客观规律为前提的。实现发展的过程，从根本上说就是不断发现问题、解决问题的过程。

坚持问题导向是对马克思主义发展观的坚持和发展。习近平总书记指出："历史总是在不断解决问题中前进的。"社会在发展，新情况新问题层出不穷，其中有一些可以凭老经验、用老办法来应对和解决，但也有不少是老经验、老办法不能应对和解决的。坚持问题导向，就要科学地认识、准确地把握、正确地解决发展中出现的问题，推动社会不断前进。

中国特色社会主义进入新时代，我们党团结带领人民如期全面建成小康社会、实现了第一个百年奋斗目标，意气风发迈上全面建设社会主义现代化国家、向第二个百年奋斗目标进军的新发展阶段。我国经济实力、科技实力、综合国力跃上新台阶，人民生活全方位改善，我国基本国情的内涵不断发生变化，面临的风险和难题也发生了重要变化。一些过去长期困扰我们的矛盾和问题尚需彻底解决，同时随着中华民族迎来从站起来、富起来到强起来的伟大飞跃，我们需要直面大量随着形势环境变化新出现的矛盾和问题。这些问题是新发展阶段内在矛盾的必然表现，是躲不开也绕不过的。对于这些问题，如果置若罔闻、熟视无睹，就会积重难返，最终造成无法弥补的损失；如果守着过去的认识不思变化，那就难以继续前进。在新的时代条件下解决矛盾和问题，迫切需要深入践行习近平新时代中国特色社会主义思想，用以改造客观世界，推动事业发展。

党的十八大以来，以习近平同志为核心的党中央坚持问题导向，直面一系列长期积累及新出现的突出矛盾和问题，对经济社会发展提出了许多重大理论和理念。其中，新发展理念是最重要、最主要的。它是我们党在深刻总结国内外发展经验教训的基础上形成的，也是针对我国发展中的突出矛盾和问题提出来的，深刻回答了关于发展的目的、动力、方式、路径等一系列理论和实践问题，阐明了我们党关于发展的政治立场、价值导向、发展模式、发展道路等重大政治问题。正是在新发展理念的引领下，我们加快构建新发展格局，推动高质量发展，促进共同富裕，我国经济迈上更高质量、更有效率、更加公平、更可持续、更为安全的发展之路，从经济大国迈向经济强国的脚步稳健有力。

对马克思主义实践观的坚持和发展

实践观点是马克思主义哲学的核心观点。马克思指出："全部社会生活在本质上是实践的"。实践是人有目的、有意识改造世界的客观物质活动。实践决定认识，是认识的源泉和动力，也是认识的目的和归宿；认识对实践具有反作用，正确的认识推动正确的实践，错误的认识导致错误的实践。坚持问题导向是对马克思主义实践观的坚持和发展。坚持问题导向，就要在掌握实际情况的基础上发现问题、思考问题，又通过实践不断解决问题，是实践基础上思想活动和实践活动的统一。

掌握实际情况、解决实际问题，必须进行全面深入的调查研究。只有通过全面深入的调查研究，才能把握快速发展变化的实际，出实招、见实效。调查研究要多到困难多、群众意见集中、工作打不开局面的地方去，体察实情、解剖麻雀，特别是对需要解决的问题进行调查梳理，做到心中有数。在调查研究的基础上，从解决具体问题抓起改起，从细处入手，向实处着力，一环紧着一环拧，一锤接着一锤敲，才能积小胜为大胜。在这一过程中，必须坚持正确的方法和路径。一方面，要保持韧劲，瞄着问题去、对着问题改，精准发力、注重实效，直到问题彻底解决为止。另一方面，要善于抓住关键、找准重点、分清主次，既要讲两点论、一分为二地看问题，又要讲重点论、以重点带动全局。

党的十八大以来，以习近平同志为核心的党中央高度重视调查研究工作，将深入调查研究作为开展工作、出台政策、制定战略的“先手棋”。习近平总书记指出：“调查研究是谋事之基、成事之道，没有调查就没有发言权，没有调查就没有决策权”“调查研究是我们做好工作的基本功”“正确的决策离不开调查研究，正确的贯彻落实同样也离不开调查研究”。正是在坚持问题导向、深入调查研究的基础上，以习近平同志为核心的党中央提出一系列治国理政新理念新思想新战略，以全新的视野深化了对共产党执政规律、社会主义建设规律、人类社会发展规律的认识，指导党和国家事业取得历史性成就、发生历史性变革。

日前，中共中央办公厅印发《关于在全党大兴调查研究的工作方案》。方案突出问题导向和目标导向，紧紧围绕全面贯彻落实党的二十大精神、推动高质量发展，明确列出 12 个方面的重点调研内容，要求广大党员、干部特别是各级领导干部扑下身子、沉到一线，深入农村、社区、企业、医院、学校、“两新”组织等基层单位，把脉问诊、解剖麻雀，进行问题梳理、难题排查，运用党的创新理论研究新情况、解决新问题。这必将有力促进全党把习近平新时代中国特色社会主义思想转化为坚定理想、锤炼党性和指导实践、推动工作的强大力量，推动全面建设社会主义现代化国家开好局起好步。

不断回答中国之问、世界之问、人民之问、时代之问

问题是创新的起点，也是创新的动力源。理论创新只能从问题开始。新时代党和国家事业发展的一系列重大理论和实践问题，概括起来就是新时代坚持和发展什么样的中国特色社会主义、怎样坚持和发展中国特色社会主义，建设什么样的社会主义现代化强国、怎样建设社会主义现代化强国，建设什么样的长期执政的马克思主义政党、怎样建设长期执政的马克思主义政党等。正是基于对这些重大时代课题的深邃思考和科学判断，以习近平同志为主要代表的中国共产党人创立了习近平新时代中国特色社会主义思想，不断丰富发展这一重要思想，为新时代党和国家事业发展提供了根本遵循。

习近平新时代中国特色社会主义思想坚持问题导向，把马克思主义矛盾观、发展观和实践观融为一体，赋予马克思主义世界观和方法论以新的时代内涵，把化解矛盾、破解难题作为打开新局面的突破口，在发现问题、分析问题、解决问题中把握历史脉络、找到发展规律、推动理论创新。全面建设社会主义现代化国家是一项伟大而艰巨的事业，前途光明，任重道远。当前，我国发展面临新的战略机遇、新的战略任务、新的战略阶段、新的战略要求、新的战略环境。我们所面临问题的复杂程度、解决问题的艰巨程度明显加大，给理论创新提出了全新要求。时代是出卷人，我们是答卷人，人民是阅卷人。解答好时代考卷，必须坚持问题导向，增强问题意识，聆听时代声音，回应

时代呼唤，认真研究解决重大而紧迫的问题。新时代新征程，我们要坚持用习近平新时代中国特色社会主义思想凝心铸魂，把这一重要思想变成改造主观世界和客观世界的强大思想武器，运用到贯彻落实党的二十大提出的重大战略部署中去。坚持解放思想、实事求是、与时俱进、求真务实，一切从实际出发，聚焦实践遇到的新问题、改革发展稳定存在的深层次问题、人民群众急难愁盼问题、国际变局中的重大问题、党的建设面临的突出问题，不断回答中国之问、世界之问、人民之问、时代之问，不断推进实践基础上的理论创新，谱写马克思主义中国化时代化新篇章。

（《人民日报》2023 年 4 月 13 日第 9 版）

系统观念是具有基础性的思想和工作方法

颜晓峰

党的二十大报告提出的“六个必须坚持”是继续推进理论创新的科学方法，也是习近平新时代中国特色社会主义思想的立场观点方法的重要体现。“必须坚持系统观念”是其中一个重要方面。坚持系统观念，体现了我们党对辩证唯物主义和历史唯物主义的深刻把握和科学运用，为前瞻性思考、全局性谋划、整体性推进党和国家各项事业提供科学思想方法，对于全面建设社会主义现代化国家、以中国式现代化全面推进中华民族伟大复兴具有重要意义。

马克思主义认识论和方法论的重要范畴

习近平总书记在党的二十大报告中指出：“只有把马克思主义基本原理同中国具体实际相结合、同中华优秀传统文化相结合，坚持运用辩证唯物主义和历史唯物主义，才能正确回答时代和实践提出的重大问题，才能始终保持马克思主义的蓬勃生机和旺盛活力。”坚持系统观念，符合事物普遍联系、发展变化的规律，反映社会有机统一、矛盾转化的内在机理，体现了对辩证唯物主义和历史唯物主义世界观和方法论的坚持和运用，为准确认识和把握新时代新征程的使命任务、有效应对前进道路上的风险挑战提供了科学指引。

辩证唯物主义认为，事物是普遍联系的，事物及事物各要素相互影响、相互制约，整个世界是相互联系的整体，也是相互作用的系统。世界的存在及事物的联系不是静止不变的“既成事物的集合体”，而是运动发展变化的“过程的集合体”。坚持发展地而不是静止地、辩证地而不是形而上学地、全面地而不是片面地、系统地而不是零散地、普遍联系地而不是单一孤立地观察事物和把握问题，是唯物辩证法的内在要求。这一内在要求，在历史唯物主义中同样得到鲜明、深刻、丰富的体现。历史唯物主义坚持历史唯物论和历史辩证法的辩证统一，用生产力和生产关系、经济基础和上层建筑的辩证关系，深刻阐明人类社会的基本结构以及“社会有机体”的运行机制。唯物史观深刻考察社会变革的深层动力，反对用单一、唯一的因素解释历史发展，以“历史的合力”强调各种条件、无数人的共同力量推动历史发展前进。从一定意义上讲，历史唯物主义的历史动力论就是系统动力论：承认生产力、经济基础的根本的决定性作用，同时承认生产关系、上层建筑的反作用以及在一定条件下的决定性作用。

习近平总书记强调：“万事万物是相互联系、相互依存的。只有用普遍联系的、全面系统的、发展变化的观点观察事物，才能把握事物发展规律。”坚持辩证唯物主义和历史唯物主义，就要从客观事物的内在联系去把握事物，去认识问题、处理问题，善于通过历史看现实、透过现象看本质，把握好全局和局部、当前和长远、宏观和微观、主要矛盾和次要矛盾、特殊和一般的关系，将系统观念的科学方法转化为干事创业的成功实践，推动党和国家各项事业不断向前发展。

新时代党治国理政具有基础性的思想和工作方法

习近平总书记指出："系统观念是具有基础性的思想和工作方法。"经济社会体系是一个普遍联系、多维多元的复杂系统，实现发展质量、结构、规模、速度、效益、安全相统一，必须坚持系统观念，在统筹上下功夫，在重点上求突破，以点的突破带动全局工作。

我国是一个发展中大国，仍处于社会主义初级阶段，正在经历广泛而深刻的社会变革，推进改革发展、调整利益关系往往牵一发而动全身。党的十八大以来，以习近平同志为核心的党中央统筹中华民族伟大复兴战略全局和世界百年未有之大变局，统揽伟大斗争、伟大工程、伟大事业、伟大梦想，统筹推进"五位一体"总体布局，协调推进"四个全面"战略布局，统筹发展和安全两件大事，推动党和国家事业取得历史性成就、发生历史性变革。习近平总书记强调："坚持创新发展，既要坚持全面系统的观点，又要抓住关键，以重要领域和关键环节的突破带动全局。"2022 年底召开的中央经济工作会议强调，要坚持系统观念、守正创新，明确提出"六个统筹"，推动经济运行整体好转。新时代十年，我们党运用系统观念和系统方法全面统筹、协调推进社会主义现代化建设各领域工作，提出一系列原创性治国理政新理念新思想新战略，为在新时代新征程应对复杂局面、推动党和国家事业发展提供了科学遵循。

在新时代坚持和发展中国特色社会主义，推进社会主义现代化建设，必须坚持和运用系统观念这一具有基础性的思想和工作方法，在统筹兼顾中创造性开展工作，做到既为一域增光、又为全局添彩。实践证明，始终坚持系统思维、全局谋划，坚持用普遍联系的、全面系统的、发展变化的观点把握事物发展规律，不断提高战略思维、历史思维、辩证思维、系统思维、创新思维、法治思维、底线思维能力，就能不断增强工作的原则性、系统性、预见性、创造性，推动党和国家各项事业不断迈上新台阶。

坚持系统观念推进中国式现代化

习近平总书记强调："推进中国式现代化是一个系统工程，需要统筹兼顾、系统谋划、整体推进，正确处理好顶层设计与实践探索、战略与策略、守正与创新、效率与公平、活力与秩序、自立自强与对外开放等一系列重大关系。"党的二十大报告明确了新时代新征程中国共产党的使命任务，提出以中国式现代化全面推进中华民族伟大复兴。完成好新时代新征程党的使命任务，必须坚持系统观念，处理好若干重大关系，推动中国式现代化行稳致远。

处理好顶层设计与实践探索的关系。党的二十大报告深刻阐述了中国式现代化的中国特色、本质要求和重大原则，为推进中国式现代化作出一系列科学顶层设计。处理好顶层设计与实践探索的关系，必须坚持系统观念，既要深刻洞察世界发展大势，准确把握人民群众的共同愿望，深入探索经济社会发展规律，使制定的规划和政策体系体现时代性、把握规律性、富于创造性，做到远近结合、上下贯通、内容协调；又要在实践中大胆探索，通过改革创新来推动事业发展，寻求有效解决新矛盾新问题的思路和办法，努力创造可复制、可推广的新鲜经验，以科学的顶层设计牵引扎实的实践探索，以实践探索的丰富经验进一步完善顶层设计。

处理好战略与策略的关系。战略与策略是辩证统一的关系，战略是从全局、长远、大势上作出判断和决策，策略是在战略指导下为战略服务的，正确的战略需要正确的策略来落实。新时代新征程，我国发展面临新的战略机遇、新的战略任务、新的战略阶段、新的战略要求、新的战略环境，需要应对的风险和挑战、需要解决的矛盾和问题比以往更加错综复杂。以中国式现代化全面推进中华民族伟大复兴，必须坚持系统观念，处理好战略与策略的关系，增强战略的前瞻性、全局性、稳定性，把战略的原则性和策略的灵活性有机结合起来，做到灵活机动、随机应变、临机决断，在因地制宜、因势而动、顺势而为中把握战略主动。

处理好守正与创新的关系。推进中国式现代化是一个在继承中发展、在守正中创新的历史过程，必须坚持系统观念，处理好守正与创新的关系。一方面，要守好中国式现代化的本和源、根和魂，毫不动摇坚持中国式现代化的中国特色、本质要求和重大原则，确保中国式现代化的正确方向。另一方面，要把创新摆在国家发展全局的突出位置，顺应时代发展要求，着眼于解决重大理论和实践问题，积极识变应变求变，大力推进改革创新，不断塑造发展新动能新优势，让创新在全社会蔚然成风，实现在守正中把稳舵盘、保持航向，在创新中寻求突破、扬帆远航。

处理好效率与公平的关系。怎样在发展中处理好效率与公平的关系，是世界现代化进程中的重要课题。中国式现代化是全体人民共同富裕的现代化，既要创造比资本主义更高的效率，又要更有效地维护社会公平。在社会主义市场经济条件下，效率与公平不是鱼和熊掌不可兼得的互斥关系，而是互为条件、相互促进的共容关系。坚持系统观念，处理好效率与公平的关系，就要做到统筹兼顾、有机结合，既把“蛋糕”做大做好、以效率支撑公平，又把“蛋糕”切好分好、以公平促进效率，更好实现效率与公平相兼顾、相促进、相统一。

处理好活力与秩序的关系。一个现代化的社会，应该既充满活力又拥有良好秩序，呈现活力和秩序有机统一的良好态势。在推进中国式现代化中处理好活力与秩序的关系，必须坚持系统观念，在活力中保持秩序、在秩序中激发活力，实现活而不乱、活跃有序的动态平衡。通过寓活力于秩序之中、建秩序于活力之上，实现社会有序运行与社会活力迸发相统一、相协调，确保人民安居乐业、社会安定有序、国家长治久安，保障和促进中国式现代化稳步向前。

处理好自立自强与对外开放的关系。世界上没有哪一个国家和民族能够通过亦步亦趋、走别人的道路来实现自己的发展振兴，也没有哪一个国家能够在闭关锁国、闭门造车中实现现代化。推进中国式现代化，必须坚持系统观念，处理好自立自强与对外开放的关系，既要坚持独立自主、自立自强，坚持把国家和民族发展放在自己力量的基点上，坚持把我国发展进步的命运牢牢掌握在自己手中；又要坚持不断扩大高水平对外开放，把握好中与西、内与外之间的内在张力，在自主中谋求发展，在开放中坚持自主，在中国与世界各国良性互动、互利共赢中推进中国式现代化。

（《人民日报》2023 年 4 月 14 日第 9 版）

胸怀天下彰显大党大国责任担当

苏长和

学习贯彻习近平新时代中国特色社会主义思想是新时代新征程开创事业发展新局面的根本要求。习近平总书记强调："只有准确把握包括'六个必须坚持'在内的新时代中国特色社会主义思想的立场观点方法，才能更好领会新时代中国特色社会主义思想的精髓要义"。"六个必须坚持"，是习近平新时代中国特色社会主义思想的立场观点方法的重要体现，其中包括"必须坚持胸怀天下"。坚持胸怀天下，是学习贯彻习近平新时代中国特色社会主义思想，继续推进实践基础上的理论创新必须坚持好、运用好的重要立场观点方法，也是推进中国式现代化取得新进展、新突破，为人类发展进步作出更大贡献必须坚持好、运用好的重要立场观点方法。当前，中华民族伟大复兴战略全局与世界百年未有之大变局相互交织、相互激荡，中国共产党团结带领中国人民把国家和民族发展放在自己力量的基点上，着力解决好中国问题，同时积极回应当今世界各国人民普遍关切，同国际社会一道构建人类命运共同体，促进中国与世界共同发展与进步。坚持胸怀天下，是中国共产党正确认识和处理同外部世界关系的重要立场观点方法，彰显大党大国的世界情怀和责任担当。

科学把握世界大势和时代潮流

察势者明，趋势者智。中国要发展，必须顺应时代潮流。习近平总书记指出：“认识世界发展大势，跟上时代潮流，是一个极为重要并且常做常新的课题。”坚持胸怀天下，就要树立世界眼光、把握时代脉搏，不被乱花迷眼，不畏浮云遮眼，科学认识历史发展规律，准确把握世界发展大势，在历史前进的逻辑中前进，在时代发展的潮流中发展。

当今世界，和平、发展、合作、共赢成为时代潮流，新一轮科技革命和产业变革深入发展，国际力量对比发生深刻变化，国际体系和国际秩序深度调整。习近平总书记坚持运用辩证唯物主义和历史唯物主义，深入分析世界转型过渡期国际形势演变，准确把握我国外部环境基本特征，深刻揭示世界发展的潮流所向：提出当今世界正处于百年未有之大变局，世界之变、时代之变、历史之变正以前所未有的方式展开；提出当今世界各国相互联系、相互依存的程度空前加深，人类越来越成为你中有我、我中有你的命运共同体；提出经济全球化是历史潮流，尽管会遇到一些回头浪，但世界决不会退回到相互封闭、彼此分割的状态；提出我国发展仍然处于重要战略机遇期，做好当前和今后一个时期对外工作具备很多国际有利条件；等等。这一系列重要论述和观点，既科学研判当今世界大势，又从世界力量对比的横坐标和中华民族前进的纵坐标科学判断我国发展面临的形势，指引我们不为一时一事所惑，不为任何风险所惧，集中精力做好自己的事，坚定不移站在历史正确的一边、站在人类文明进步的一边，为谋求民族复兴、推动人类进步而不懈奋斗。

当前，世界百年未有之大变局加速演进，世界不稳定性不确定性更加突出。越是处在深刻变化的时代，越需要把握大局大势、增强历史主动。应当看到，世界上和平发展进步的力量不断增强，一大批新兴市场和发展中国家发展壮大，多个发展中心在世界各地区逐渐形成。在动荡变革的世界中，不变的主线仍然是和平、发展、合作、共赢。把握并努力推动和平、发展、合作、共赢的世界大势和时代潮流，促进各国各方为避免世界分裂和对抗、维护世界和平与发展积极行动起来，就能推动百年变局向着正确方向前行。

始终把自身发展置于人类发展的坐标系中

习近平总书记指出："办好中国的事，让 14 亿多中国人民过上更加美好的生活，促进人类和平与发展的崇高事业，这是中国共产党矢志不渝的奋斗目标。"中国共产党始终从人类发展大潮流、世界变化大格局、中国发展大历史来正确认识和处理同外部世界的关系，始终把自身发展置于人类发展的坐标系中，在坚定维护世界和平与发展中谋求自身发展，又以自身发展更好维护世界和平与发展。

进入新时代，中国与世界的关系发生历史性变化，中国同国际社会的互联互动空前紧密，世界对中国的影响也在不断加深。中国的发展离不开世界，世界的繁荣也需要中国。中国坚持与世界命运与共，把中国梦寓于人类追求美好未来的梦想之中，不断扩大同各国利益的汇合点，为促进各国互利合作、共同发展作出重要贡献。中国提出并积极推进共建“一带一路”倡议，以开放包容姿态致力于共同发展和繁荣，携手各方打造当今世界范围最广、规模最大的国际合作平台，有力促进共建国家和地区经济社会发展。举办进博会、消博会、服贸会，推动《区域全面经济伙伴关系协定》生效实施，积极推进加入《全面与进步跨太平洋伙伴关系协定》和《数字经济伙伴关系协定》，坚持以开放纾发展之困、汇合作之力、聚创新之势、谋共享之福，推动经济全球化朝着更加开放、包容、普惠、平衡、共赢的方向发展，与世界共享中国机遇。中国不仅希望自己发展得好，也希望各国人民都能拥有幸福安宁的生活，这生动彰显中国共产党和中国人民胸怀天下的格局与情怀。

习近平总书记指出：“任何国家追求现代化，都应该秉持团结合作、共同发展的理念，走共建共享共赢之路。”中国式现代化不走殖民掠夺的老路，不走国强必霸的歪路，走的是和平发展的人间正道，既造福中国人民、又促进世界共同发展。我们要坚持正确的方向、正确的理论、正确的道路不动摇，始终把自身命运同各国人民命运紧紧联系在一起，以自身的发展壮大世界和平力量、国际正义力量，以中国式现代化的新成就为世界发展提供新机遇。加快构建新发展格局，推动高质量发展，为世界提供更多更好的中国制造和中国创造、更大规模的中国市场和中国需求。坚定支持和帮助广大发展中国家加快发展，为缩小南北差距、实现共同发展提供中国方案、贡献中国力量。携手各国同行现代化之路，共同做大人类社会现代化的“蛋糕”，努力让现代化成果更多更公平惠及各国人民，让人类现代化进程展现出更加光明的前景。

携手构建人类命运共同体

当今时代，各国利益休戚与共、命运紧密相连。应对全球性挑战，解决人类共同难题，需要全人类的共同行动。胸怀天下，就要勇于回答世界之问、时代之问，以先进理念凝聚共识、汇聚力量、引领方向。习近平总书记站在全人类高度，本着对人类前途命运高度负责的态度，深刻思考“建设一个什么样的世界、如何建设这个世界”等重大课题，创造性提出构建人类命运共同体的重要理念，汇聚了世界各国人民对和平、发展、繁荣向往的最大公约数，为共建美好世界贡献中国智慧、中国主张。历经时间和实践检验，构建人类命运共同体重要理念越发彰显思想魅力，得到国际社会广泛认同，成为引领时代潮流和人类前进方向的鲜明旗帜。

推动构建人类命运共同体，要坚持对话协商，推动建设一个持久和平的世界；坚持共建共享，推动建设一个普遍安全的世界；坚持合作共赢，推动建设一个共同繁荣的世界；坚持交流互鉴，推动建设一个开放包容的世界；坚持绿色低碳，推动建设一个清洁美丽的世界。习近平总书记在倡导构建人类命运共同体的同时，提出推动建设相互尊重、公平正义、合作共赢的新型国际关系，深化拓展平等、开放、合作的全球伙伴关系，为构建人类命运共同体开辟道路、创造条件；提出共建“一带一路”重要倡议，坚持共商共建共享，推动共建“一带一路”高质量发展，为构建人类命运共同体搭建重要实践平台；提出弘扬和平、发展、公平、正义、民主、自由的全人类共同价值，以宽广胸怀理解不同文明对价值内涵的认识，尊重不同国家人民对价值实现路径的探索，为构建人类命运共同体凝聚价值共识；提出全球发展倡议、全球安全倡议、全球文明倡议，促进全球平衡、协调、包容发展，共同维护世界和平和安全，推动不同文明包容共存、交流互鉴，为构建人类命运共同体提供重要依托。构建人类命运共同体的思想体系不断完善，理论内涵不断充实，实践路径不断丰富。中国同相关各方积极推进全球发展共同体、人类安全共同体、人类卫生健康共同体、人与自然生命共同体建设，充分体现中国同各国一道建设更加美好世界的坚定决心和使命担当。

习近平总书记指出："国际社会发展到今天已经成为一部复杂精巧、有机一体的机器，拆掉一个零部件就会使整个机器运转面临严重困难，被拆的人会受损，拆的人也会受损。"伴随构建人类命运共同体在实践中走深走实，越来越多的国家认识到，世界命运应该由各国共同掌握，国际规则应该由各国共同书写，全球事务应该由各国共同治理，发展成果应该由各国共同分享。霸道强权不符合时代潮流，搞零和博弈、意识形态对抗，只会把世界推入分裂的危险境地。只有各国行天下之大道，和睦相处、合作共赢，繁荣才能持久，安全才有保障。在这个充满挑战也充满希望的时代，构建人类命运共同体是世界各国人民前途命运所在。

无论国际风云如何变幻，中国共产党坚持胸怀天下始终如一。我们党将团结带领中国人民，以中国式现代化全面推进中华民族伟大复兴，以中国式现代化新成就不断为人类和平发展的崇高事业注入稳定性和正能量，坚守和弘扬全人类共同价值，在推动构建人类命运共同体的大道上阔步前行。

（《人民日报》2023 年 4 月 17 日第 9 版）

为奋进新征程凝心聚力

国防大学习近平新时代中国特色社会主义思想研究中心

习近平总书记在学习贯彻习近平新时代中国特色社会主义思想主题教育工作会议上强调："以县处级以上领导干部为重点在全党深入开展学习贯彻新时代中国特色社会主义思想主题教育，是贯彻落实党的二十大精神的重大举措，对于统一全党思想、解决党内存在的突出问题、始终保持党同人民群众血肉联系、推动党和国家事业发展，具有重要意义。"我们要深刻认识开展主题教育的重大意义，以高度的政治自觉、思想自觉、行动自觉，扎实抓好主题教育，为奋进新征程凝心聚力。

统一全党思想意志行动、始终保持党的强大凝聚力、战斗力的必然要求

党的理论创新每前进一步，理论武装就要跟进一步。习近平总书记指出："坚持用马克思主义中国化时代化最新成果武装全党、指导实践、推动工作，是我们党创造历史、成就辉煌的一条重要经验。"新

时代新征程，在全党开展好主题教育，推动全党特别是领导干部不断把学习贯彻习近平新时代中国特色社会主义思想引向深入，是统一全党思想意志行动、始终保持党的强大凝聚力、战斗力的必然要求。

马克思主义是我们立党立国、兴党兴国的根本指导思想，拥有马克思主义科学理论指导是我们党坚定信仰信念、把握历史主动的根本所在。党的十八大以来，以习近平同志为主要代表的中国共产党人，坚持把马克思主义基本原理同中国具体实际相结合、同中华优秀传统文化相结合，以巨大的政治智慧和理论勇气，创立了习近平新时代中国特色社会主义思想，开辟了马克思主义中国化时代化新境界。新时代十年，在以习近平同志为核心的党中央坚强领导下，全党坚持不懈用习近平新时代中国特色社会主义思想武装头脑、指导实践、推动工作，实现中华民族伟大复兴进入了不可逆转的历史进程。同时要看到，强国建设、民族复兴是一项前无古人的开创性事业，必然会遇到各种可以预料和难以预料的风险挑战、艰难险阻甚至惊涛骇浪，奋进新征程尤须以科学理论指引前进方向。

一个民族要走在时代前列，就一刻不能没有理论思维，一刻不能没有正确思想指引。习近平总书记指出：“这次主题教育确定以学习贯彻新时代中国特色社会主义思想为主题，就是要推动全党特别是领导干部不断把学习贯彻新时代中国特色社会主义思想引向深入。”领导干部是党和国家事业发展的“关键少数”。深入开展学习贯彻习近平新时代中国特色社会主义思想主题教育，必须发挥好领导干部以身作则、以上率下的重要作用。广大党员干部要紧紧围绕学习贯彻习近平新时代中国特色社会主义思想这一主题，坚持不懈用习近平新时代中国特色社会主义思想凝心铸魂，深刻领悟“两个确立”的决定性意义，增强“四个意识”、坚定“四个自信”、做到“两个维护”，始终在思想上政治上行动上同以习近平同志为核心的党中央保持高度一致。要从思想上正本清源、固本培元，不断提高政治判断力、政治领悟力、政治执行力，心往一处想、劲往一处使，共同把党锻造成一块攻无不克、战无不胜的坚硬钢铁。

推动全党积极担当作为、不断开创事业发展新局面的必然要求

习近平总书记指出：“新时代新征程，面对错综复杂的国际国内形势、艰巨繁重的改革发展稳定任务、各种不确定难预料的风险挑战，要实现党的二十大确定的战略目标，迫切需要广大党员、干部特别是各级领导干部进一步深入学习贯彻新时代中国特色社会主义思想，这是党中央确定在全党开展这次主题教育的主要考量。”深入学习贯彻习近平总书记重要论述，推动主题教育走深走实，我们要着眼实现党的二十大确定的战略目标，把全党全国各族人民的精气神进一步提振起来，凝聚起以中国式现代化全面推进中华民族伟大复兴的磅礴力量。

习近平总书记在党的二十大报告中指出：“从现在起，中国共产党的中心任务就是团结带领全国各族人民全面建成社会主义现代化强国、实现第二个百年奋斗目标，以中国式现代化全面推进中华民族伟大复兴。”完成这一中心任务，是一项伟大而艰巨的事业，前途光明，任重道远。当前，我国发展进入战略机遇和风险挑战并存、不确定难预料因素增多的时期。任务越艰巨、考题越难解，越需要通过主题教育来引导广大党员干部深入学习贯彻习近平新时代中国特色社会

主义思想，确保事业发展的正确政治方向，紧扣中心大局认真履行职能、积极担当作为，把党中央决策部署落实下去，把全党全国各族人民的智慧和力量凝聚起来，为实现党的二十大确定的目标任务作出积极贡献。

习近平新时代中国特色社会主义思想是党和人民奋进新征程的行动指南。只有坚持不懈用习近平新时代中国特色社会主义思想凝心铸魂，我们党才能团结带领人民全面建成社会主义现代化强国、实现第二个百年奋斗目标，以中国式现代化全面推进中华民族伟大复兴。对于广大党员干部来说，学习贯彻习近平新时代中国特色社会主义思想，就要切实把学习成效转化为坚定理想、锤炼党性的高度自觉，转化为做好本职工作、推动事业发展的生动实践。把坚定理想信念作为终身课题常修常炼、常悟常进，以勇于担苦、担难、担重、担险的实际行动诠释对崇高理想的坚守、对如磐信念的践行，真正把习近平新时代中国特色社会主义思想转化为坚定理想的强大力量。要一刻不停地加强党性修养和党性锤炼，做到真心爱党、时刻忧党、坚定护党、全力兴党，真正把习近平新时代中国特色社会主义思想转化为锤炼党性的强大力量。在学深悟透、融会贯通的基础上，把“六个必须坚持”的世界观和方法论内化于心、外化于行，真正把习近平新时代中国特色社会主义思想转化为指导实践、推动工作的强大力量。

深入推进全面从严治党、以党的自我革命引领社会革命的必然要求

打铁必须自身硬。习近平总书记指出：“开展主题教育是今年党的

建设的重大任务。”确保主题教育取得扎实成效，要求我们时刻保持解决大党独有难题的清醒和坚定，善于运用习近平新时代中国特色社会主义思想查不足、找差距、明方向，认真落实新时代党的建设总要求，深入推进全面从严治党，确保党永远不变质、不变色、不变味。

开展主题教育，对于深入推进全面从严治党、以党的自我革命引领社会革命，具有很强的战略意义和现实针对性。从推进党的建设总体布局看，开展好主题教育，有利于确保全党在政治立场、政治方向、政治原则、政治道路上同以习近平同志为核心的党中央保持高度一致，确保党的团结统一；有利于坚持不懈用习近平新时代中国特色社会主义思想凝心铸魂，用党的创新理论统一思想、统一意志、统一行动。从解决大党独有难题看，开展好主题教育，有利于充分发挥习近平新时代中国特色社会主义思想改造主观世界和客观世界的强大思想武器作用，持续深入破解大党独有难题。从党的自我革命看，开展好主题教育，有利于始终坚持问题导向，保持战略定力，发扬彻底的自我革命精神，永远吹冲锋号，把严的基调、严的措施、严的氛围长期坚持下去，把党的伟大自我革命进行到底，为强国建设、民族复兴提供坚强保证。

全面建设社会主义现代化国家、全面推进中华民族伟大复兴，关键在党。经过党的十八大以来全面从严治党，党内许多突出问题得到解决，但是党面临的“四大考验”“四种危险”以及“四个不纯”长期存在，管党治党一刻也不能放松，决不能有松劲歇脚、疲劳厌战的情绪。习近平新时代中国特色社会主义思想直面新时代管党治党新形势新任务，深刻回答了建设什么样的长期执政的马克思主义政党、怎样建设长期执政的马克思主义政党的重大时代课题，为全党时刻保持清醒和坚定、解决大党独有难题指明了行动方向、提供了根本遵循。我们要扎实开展主题教育，坚持不懈用习近平新时代中国特色社会主义思想凝心铸魂，坚定不移深入推进全面从严治党，教育引导各级党组织和广大党员干部突出问题导向，接受政治体检，打扫政治灰尘，纠正行为偏差，解决思想不纯、组织不纯方面存在的突出问题，不断增强党的自我净化、自我完善、自我革新、自我提高能力，使我们党始终充满蓬勃生机和旺盛活力，始终成为中国特色社会主义事业的坚强领导核心。

（执笔：刘光明、王强、刘珂）

（《人民日报》2023 年 5 月 9 日第 9 版）

不断提高全党马克思主义水平

山东省习近平新时代中国特色社会主义思想研究中心

在学习贯彻习近平新时代中国特色社会主义思想主题教育工作会议上，习近平总书记指出："我们要以这次主题教育为契机，加强党的创新理论武装，不断提高全党马克思主义水平，不断提高党的执政能力和领导水平，为奋进新征程凝心聚力，踔厉奋发、勇毅前行，为全面建设社会主义现代化国家、全面推进中华民族伟大复兴而团结奋斗。"习近平新时代中国特色社会主义思想是当代中国马克思主义、二十一世纪马克思主义，是党和人民实践经验和集体智慧的结晶，是全党全国人民为实现中华民族伟大复兴而奋斗的行动指南。在全党深入开展学习贯彻习近平新时代中国特色社会主义思想主题教育，是党中央为全面贯彻党的二十大精神、动员全党同志为完成党的中心任务而团结奋斗所作的重大部署，是深入推进新时代党的建设新的伟大工程的重大部署。我们要深刻认识开展这次主题教育的重大意义，牢牢把握"学思想、强党性、重实践、建新功"的总要求，坚持学思用贯通、知信行统一，真正把马克思主义看家本领学到手，自觉用习近平新时代中国特色社会主义思想武装头脑、指导实践、推动工作。

马克思主义中国化时代化的最新成果

时代是思想之母，实践是理论之源。当代中国正经历着我国历史上最为广泛而深刻的社会变革，也正在进行着人类历史上最为宏大而独特的实践创新。世界百年未有之大变局加速演进，中华民族伟大复兴进入关键时期，迫切需要继续推进马克思主义中国化时代化，科学回答中国之问、世界之问、人民之问、时代之问。

以习近平同志为核心的党中央统筹中华民族伟大复兴战略全局和世界百年未有之大变局，坚持把马克思主义基本原理同中国具体实际相结合、同中华优秀传统文化相结合，科学回答了新时代坚持和发展什么样的中国特色社会主义、怎样坚持和发展中国特色社会主义等重大时代课题，创立了习近平新时代中国特色社会主义思想。这一科学思想内涵十分丰富，涵盖新时代坚持和发展中国特色社会主义的总目标、总任务、总体布局、战略布局和发展方向、发展方式、发展动力、战略步骤、外部条件、政治保证等基本问题，并根据新的实践对党的领导和党的建设、经济、政治、法治、科技、文化、教育、民生、民族、宗教、社会、生态文明、国家安全、国防和军队、“一国两制”和祖国统一、统一战线、外交等各方面作出新的理论概括和战略指引。党的十九大、十九届六中全会提出的“十个明确”“十四个坚持”“十三个方面成就”概括了习近平新时代中国特色社会主义思想的主要内容。党的二十大提出的“六个必须坚持”，概括阐述了习近平新时代中国特色社会主义思想的世界观、方法论和贯穿其中的立场观点方法。“十个明确”“十四个坚持”“十三个方面成就”“六个必须坚持”内在贯通、有机统一，凝结着我们党认识世界、改造世界的宝贵经验和重大成果，体现了理论与实际相结合、认识论和方法论相统一的鲜明特色，共同构成习近平新时代中国特色社会主义思想的科学体系。

习近平新时代中国特色社会主义思想是马克思主义中国化时代化的最新成果，实现了马克思主义中国化时代化新的飞跃。这一科学思想贯通马克思主义哲学、政治经济学、科学社会主义，贯通历史、现实和未来，贯通改革发展稳定、内政外交国防、治党治国治军等各领域，为丰富发展马克思主义作出了原创性贡献，为传承发展中华优秀传统文化作出了历史性贡献，为推动人类文明进步事业作出了世界性贡献。在这一科学思想指引下，我们党统揽伟大斗争、伟大工程、伟大事业、伟大梦想，统筹推进“五位一体”总体布局、协调推进“四个全面”战略布局，党和国家事业取得历史性成就、发生历史性变革，推动我国迈上全面建设社会主义现代化国家新征程，实现中华民族伟大复兴进入了不可逆转的历史进程。在当代中国，坚持和发展习近平新时代中国特色社会主义思想，就是真正坚持和发展马克思主义，就是真正坚持和发展科学社会主义。

必须长期坚持的指导思想

新思想指导新实践，新思想引领新征程。习近平新时代中国特色社会主义思想植根于新时代坚持和发展中国特色社会主义的伟大实践，坚持理论指导和实践探索相统一，在指导实践、推动实践中展现出巨大真理力量和独特思想魅力，是经过实践检验、富有实践伟力的强大思想武器。新时代党和国家事业之所以取得历史性成就、发生历史性变革，最根本的原因在于有习近平总书记作为党中央的核心、全党的核心掌舵领航，在于有习近平新时代中国特色社会主义思想科学指引。习近平新时代中国特色社会主义思想是为新时代伟大实践所证明的科学理论，是全党全国人民为实现中华民族伟大复兴而奋斗的行动指南，必须长期坚持并不断发展。

当前，我国已经进入了实现中华民族伟大复兴的关键阶段。全面建设社会主义现代化国家、以中国式现代化全面推进中华民族伟大复兴，必须坚持把习近平新时代中国特色社会主义思想作为行动指南。只有运用这一科学思想观察时代、把握时代、引领时代，才能更好统筹中华民族伟大复兴战略全局和世界百年未有之大变局，深刻洞察时与势、危与机，积极识变应变求变。只有以这一科学思想为指导，推动中国式现代化取得新进展新突破，强化政治领导，丰富战略支撑，拓展实践路径，破解发展难题，激发动力活力，才能使中国式现代化的中国特色更加鲜明、优势更加彰显、前景更加光明。只有以这一科学思想为指导，解决经济社会发展中的各种矛盾和问题，完整、准确、全面贯彻新发展理念，加快构建新发展格局，推动高质量发展，促进共同富裕，才能为实现中华民族伟大复兴奠定雄厚物质基础。只有以这一科学思想为指导，防范化解重大风险，增强忧患意识，坚持底线思维，下好先手棋、打好主动仗，才能经受住中华民族伟大复兴进程中的各种风浪考验。只有以这一科学思想为指导，深入推进全面从严治党，时刻保持解决大党独有难题的清醒和坚定，确保党永远不变质、不变色、不变味，才能为强国建设、民族复兴提供根本保证。

习近平新时代中国特色社会主义思想是不断发展的开放的理论，必将随着党的新的伟大事业和党的建设新的伟大工程的深入推进，随着强国建设、民族复兴伟业的全面拓展而持续发展、不断丰富、更加完善。新征程上，坚持以习近平新时代中国特色社会主义思想为指导，系统把握中国式现代化的理论体系，贯彻落实好全面建设社会主义现代化国家的战略部署，就一定能把中国式现代化的宏伟蓝图一步步变成现实，以中国式现代化全面推进中华民族伟大复兴。

把学习贯彻习近平新时代中国特色社会主义思想不断引向深入

习近平总书记指出："坚持用马克思主义中国化时代化最新成果武装全党、指导实践、推动工作，是我们党创造历史、成就辉煌的一条重要经验。"我们要认真学习领会习近平总书记重要讲话精神和党中央部署要求，深入开展学习贯彻习近平新时代中国特色社会主义思想主题教育，把学习贯彻习近平新时代中国特色社会主义思想不断引向深入，为奋进新征程凝心聚力。

坚持多思多想、学深悟透。坚持读原著学原文悟原理，坚持多思多想、学深悟透，全面学习领会习近平新时代中国特色社会主义思想的科学体系、精髓要义、实践要求，做到整体把握、融会贯通。对各领域提出的新理念、新思想、新战略，对各方面工作提出的具体要求，都要放在整个科学体系中来认识和把握，避免碎片化、片面性。通过学习教育，使党员、干部不断增进对党的创新理论的政治认同、思想认同、理论认同、情感认同，坚定对马克思主义的信仰、对中国特色社会主义的信念、对实现中华民族伟大复兴中国梦的信心，自觉做习近平新时代中国特色社会主义思想的坚定信仰者、积极传播者、忠实实践者。

全面把握这一思想的世界观、方法论和贯穿其中的立场观点方法。学深悟透习近平新时代中国特色社会主义思想，必须准确把握和运用好这一思想的世界观、方法论和贯穿其中的立场观点方法。“六个必须坚持”是习近平新时代中国特色社会主义思想的立场观点方法的重要体现，是对马克思主义世界观、方法论和立场观点方法的坚持、运用和发展，是深刻理解习近平新时代中国特色社会主义思想的基本点和“金钥匙”。只有准确把握包括“六个必须坚持”在内的习近平新时代中国特色社会主义思想的立场观点方法，才能更好领会这一思想的精髓要义，才能把思想方法搞对头，认识问题才站得高，分析问题才看得深，开展工作也才能把得准。

坚持学思用贯通、知信行统一。理论的价值在于指导实践，学习的目的全在于运用。学习习近平新时代中国特色社会主义思想，就要把这一思想转化为改造主观世界和客观世界的强大思想武器。广大党员、干部要坚持学思用贯通、知信行统一，学习掌握习近平新时代中国特色社会主义思想关于坚定理想信念、提升思想境界、加强党性锻炼的一系列要求，始终保持共产党人的政治本色。领导干部作为“关键少数”，要坚持以身作则、以上率下，切实承担起组织推动学习贯彻的领导责任，带头把理论学习、调查研究、推动发展、检视整改贯通起来，有机融合、一体推进。坚持边学习、边对照、边检视、边整改，把问题整改贯穿主题教育始终，努力在以学铸魂、以学增智、以学正风、以学促干方面取得扎实成效，奋力在强国建设、民族复兴进程中创造新的历史伟业。

（执笔：唐洲雁、韩冰）

（《人民日报》2023 年 5 月 17 日第 9 版）

不断谱写马克思主义中国化时代化新篇章

路建平

党的二十大报告对开辟马克思主义中国化时代化新境界作出了全面深刻的阐述。学习领会这一重要内容，不断谱写马克思主义中国化时代化新篇章，需要把握好历史责任和使命任务、统一思想和守正创新、理论创新和实践创新的关系，深刻理解习近平新时代中国特色社会主义思想的理论逻辑、历史逻辑、实践逻辑，以更加积极的历史担当和创造精神为坚持和发展马克思主义作出新的贡献。

把握历史责任和使命任务的有机统一

党的二十大报告提出："不断谱写马克思主义中国化时代化新篇章，是当代中国共产党人的庄严历史责任。"承担好这一庄严历史责任，要求我们坚持对马克思主义的坚定信仰、对中国特色社会主义的坚定信念、对实现中华民族伟大复兴中国梦的坚定信心，坚定"四个自信"，紧跟时代步伐，顺应实践发展，围绕使命任务，把开辟马克思主义中国化时代化新境界和新时代新征程党的使命任务有机统一起来，作出符合中国实际和时代要求的正确回答，得出符合客观规律的科学认识，形成与时俱进的理论成果，更好指导中国实践。

从历史上看，马克思主义的中国篇章是中国共产党人深刻把握马克思主义与时俱进的理论品格，围绕使命任务，依靠自身力量谱写的。党面临的主要任务在不同时期和阶段有所不同。新民主主义革命时期，党面临的主要任务是，反对帝国主义、封建主义、官僚资本主义，争取民族独立、人民解放，为实现中华民族伟大复兴创造根本社会条件。社会主义革命和建设时期，党面临的主要任务是，实现从新民主主义到社会主义的转变，进行社会主义革命，推进社会主义建设，为实现中华民族伟大复兴奠定根本政治前提和制度基础。改革开放和社会主义现代化建设新时期，党面临的主要任务是，继续探索中国建设社会主义的正确道路，解放和发展社会生产力，使人民摆脱贫困、尽快富裕起来，为实现中华民族伟大复兴提供充满新的活力的体制保证和快速发展的物质条件。中国特色社会主义进入新时代，党面临的主要任务是，实现全面建成小康社会的第一个百年奋斗目标，开启全面建成社会主义现代化强国的第二个百年奋斗目标新征程，朝着实现中华民族伟大复兴的宏伟目标继续前进。毛泽东思想、邓小平理论、“三个代表”重要思想、科学发展观、习近平新时代中国特色社会主义思想，都是在完成党的使命任务过程中创立和形成的，为中国革命、建设、改革提供了科学指南，指引中国这个古老的东方大国创造了人类历史上前所未有的发展奇迹。

党的二十大报告明确了新时代新征程中国共产党的使命任务：“团结带领全国各族人民全面建成社会主义现代化强国、实现第二个百年奋斗目标，以中国式现代化全面推进中华民族伟大复兴。”全面建设社会主义现代化国家，是一项伟大而艰巨的事业，前途光明，任重道远。从国际看，世界百年未有之大变局加速演进，新一轮科技革命和产业变革深入发展，国际力量对比深刻调整。同时，世纪疫情影响深远，逆全球化思潮抬头，单边主义、保护主义明显上升，世界经济复苏乏力，局部冲突和动荡频发，全球性问题加剧，来自外部的风险挑战始终存在并日益凸显。从国内看，我国改革发展稳定面临不少深层次矛盾躲不开、绕不过，党的建设特别是党风廉政建设和反腐败斗争面临不少顽固性、多发性问题。总的看，我国面临的机遇和挑战都有新的发展变化。习近平总书记指出："我们的判断是危和机并存、危中有机、危可转机，机遇更具有战略性、可塑性，挑战更具有复杂性、全局性，挑战前所未有，应对好了，机遇也就前所未有。"深入把握、有效应对世界百年未有之大变局和中华民族伟大复兴战略全局出现的新情况新挑战新机遇，是社会主义现代化强国建设面临的重大问题，也是马克思主义中国化时代化必须回答的时代课题。只有聆听时代声音，回应时代呼唤，把历史责任和使命任务有机统一起来，认真研究重大而紧迫的问题，才能产生这个时代需要、解决这个时代问题的理论，谱写好马克思主义中国化时代化新篇章。

把握统一思想和守正创新的内在联系

党的二十大报告对坚持不懈用习近平新时代中国特色社会主义思想凝心铸魂作出重大部署，为我们加强新时代党的思想建设提供了方向指引和基本遵循。在统一思想基础上坚持守正创新，才能不迷失方向、不犯颠覆性错误，才能更好用党的创新理论成果观察时代、把握时代、引领时代，研究新情况，获得新认识，解决新问题，取得新突破。

理论创新每前进一步，理论武装就要跟进一步。只有不断用党的创新理论武装头脑，才能解决思想上的困惑、认识中的偏差，保证全党步调一致向前进。统一思想，要求我们坚持学思用贯通、知信行统一，把思想和行动统一到马克思主义中国化时代化最新成果上来，自觉用习近平新时代中国特色社会主义思想指导包括理论创新在内的各项工作。守正创新是党的思想理论和实践发展的重要经验。习近平总书记指出："我们通过守正创新形成了中国特色社会主义理论体系，守正就不能偏离马克思主义、社会主义，但不是刻舟求剑，还要往前发展、与时俱进，否则就是僵化的、陈旧的、过时的。"统一思想和守正创新的内在联系，要求我们深入学习贯彻习近平新时代中国特色社会主义思想，全面系统掌握这一重要思想的基本观点、科学体系，在此基础上着力认识和把握"两个结合"和"六个必须坚持"，不断增进政治认同、思想认同、理论认同、情感认同。

"两个结合"，即把马克思主义基本原理同中国具体实际相结合、同中华优秀传统文化相结合。这是我们党推进党的理论创新得出的重大认识成果，是推进马克思主义中国化时代化的根本途径。习近平新时代中国特色社会主义思想就是在坚持"两个结合"中创立的。新时代新征程，坚持"两个结合"，我们才能正确回答时代和实践提出的重大问题，才能始终保持马克思主义的蓬勃生机和旺盛活力。"六个必须坚持"，即必须坚持人民至上、必须坚持自信自立、必须坚持守正创新、必须坚持问题导向、必须坚持系统观念、必须坚持胸怀天下。"六个必须坚持"是习近平新时代中国特色社会主义思想的立场观点方法的重要体现，也是继续推进理论创新的科学方法。只有准确把握包括“六个必须坚持”在内的习近平新时代中国特色社会主义思想的立场观点方法，才能更好领会这一重要思想的精髓要义，才能把思想方法搞对头，认识问题才站得高，分析问题才看得深，开展工作也才能把得准，继续推进实践基础上的理论创新才能具有良好的思想认识基础。

把握理论创新和实践创新的良性互动

习近平总书记指出：“要根据时代变化和实践发展，不断深化认识，不断总结经验，不断实现理论创新和实践创新良性互动，在这种统一和互动中发展 21 世纪中国的马克思主义”“我们党之所以能够历经考验磨难无往而不胜，关键就在于不断进行实践创新和理论创新”。这深刻揭示了中国共产党人坚持在实践中不断丰富和发展马克思主义的理论品格。理论创新和实践创新不是各自独立进行的，而是相互激发、相互促进的。把二者紧密结合起来实现良性互动，是不断推进实践基础上的理论创新的内在要求。

坚持实践第一的观点，在实践基础上推进理论创新，以新的理论成果指导新的实践，是推动党和国家事业不断发展的一条重要经验。党的十八大以来，习近平总书记对实践创新提出了一系列新要求新论断。例如，推进中国式现代化是一个探索性事业，还有许多未知领域，需要我们在实践中去大胆探索，通过改革创新来推动事业发展；要激发调动全社会的创新激情，持续发力，加快形成以创新为主要引领和支撑的经济体系和发展模式；中华民族奋斗的基点是自力更生，攀登世界科技高峰的必由之路是自主创新，所有企业都要朝这个方向努力奋斗；实施创新驱动发展战略，就是要推动以科技创新为核心的全面创新，坚持需求导向和产业化方向，坚持企业在创新中的主体地位，发挥市场在资源配置中的决定性作用和社会主义制度优势；要紧密联系亿万群众的创造性实践，尊重人民群众的主体地位和首创精神；等等。习近平总书记的重要论述，深化了我们党对实践创新的认识。持续推进实践基础上的理论创新，深入总结实践经验，科学认识发展规律，就能不断开辟马克思主义中国化时代化新境界。

同时，实践创新需要理论创新的支撑和引领。理论对规律的揭示越深刻，对社会发展和变革的引领作用就越显著。党的十八大以来，习近平总书记对理论创新提出了一系列新概括新观点。例如，当代中国正在经历人类历史上最为宏大而独特的实践创新，改革发展稳定任务之重、矛盾风险挑战之多、治国理政考验之大都前所未有，世界百年未有之大变局深刻变化前所未有，提出了大量亟待回答的理论和实践课题；推进马克思主义中国化时代化的任务不是轻了，而是更重了；对待马克思主义，不能采取教条主义的态度，也不能采取实用主义的态度，而是应该以科学的态度对待科学、以真理的精神追求真理；我们要实事求是分析变和不变，与时俱进审视我们的理论，该坚持的坚持，该调整的调整，该创新的创新，决不能守株待兔、刻舟求剑；等等。习近平总书记的重要论述，深化了我们党对理论创新的认识。新征程上，我们要继续推进实践基础上的理论创新，在“实践—认识—实践”的持续深化中坚持和发展当代中国马克思主义、二十一世纪马克思主义，以伟大实践丰富伟大理论，以创新理论指引成功实践。

（《人民日报》2023 年 5 月 24 日第 9 版）

深学细悟习近平新时代中国特色社会主义思想

田培炎

马克思主义是实践的理论，是用来改造世界、改变世界的。它源于实践、指导实践，并随着实践的发展而不断发展，其内容和表现形式都具有强烈的时代气息、鲜明的实践色彩、明确的现实指向。恩格斯指出：“历史从哪里开始，思想进程也应当从哪里开始，而思想进程的进一步发展不过是历史过程在抽象的、理论上前后一贯的形式上的反映；这种反映是经过修正的，然而是按照现实的历史过程本身的规律修正的，这时，每一个要素可以在它完全成熟而具有典型性的发展点上加以考察。”只有坚持理论与实践相结合、逻辑与历史相统一，才能把握马克思主义的真谛。习近平新时代中国特色社会主义思想是顺应时代发展要求、实践发展需要、人民群众愿望创立的，并且是在指导新时代波澜壮阔的创造性实践中不断丰富和发展的。当我们与历史和实践同行，就能更好把握习近平新时代中国特色社会主义思想的科学体系、核心要义、实践要求。这里，从习近平新时代中国特色社会主义思想创立和发展的着力点，提供深学细悟这一重要思想的八个视角。

（一）察大势。时代大势展示着历史发展的新趋势，汇聚着社会变革的新信息，蕴含着复杂多变的新机遇新挑战，体现着社会发展必然性与偶然性、变与不变的辩证法。唯有正确判断形势，深刻认识国内国际形势发展变化中的时与势、危与机、有利与不利，才能为科学决策、政策调整提供充分依据。党的十八大以来，习近平总书记以宏阔的战略思维，深刻分析国内外大势，形成一系列重大论断。

就国内大势而言，习近平总书记提出“中国特色社会主义进入新时代，我国社会主要矛盾已经转化为人民日益增长的美好生活需要和不平衡不充分的发展之间的矛盾”；强调我国仍处于重要战略机遇期，“但机遇和挑战都有新的发展变化”“机遇更具有战略性、可塑性，挑战更具有复杂性、全局性，挑战前所未有，应对好了，机遇也就前所未有”；作出我国进入新发展阶段的新论断，提出社会主义初级阶段“是一个动态、积极有为、始终洋溢着蓬勃生机活力的过程，是一个阶梯式递进、不断发展进步、日益接近质的飞跃的量的积累和发展变化的过程”，新发展阶段“就是社会主义初级阶段中的一个阶段，同时是其中经过几十年积累、站到了新的起点上的一个阶段”；指出“实现中华民族伟大复兴进入了不可逆转的历史进程”“我国发展具备了更为坚实的物质基础、更为完善的制度保证、更为主动的精神力量”。就国际大势而言，习近平总书记提出世界正处于大发展大变革大调整时期，正经历百年未有之大变局，进入新的动荡变革期。世界多极化加速推进，“西强东弱”短期内不会改变，但“东升西降”的趋势不可阻挡。经济全球化是时代潮流和历史大势，但同时逆全球化思潮抬头，单边主义、保护主义明显上升。新一轮科技革命和产业变革深入发展，正处在实现重大突破的历史关口。

这些重要论断，为我们观察时代、把握时代、引领时代，统筹中华民族伟大复兴战略全局和世界百年未有之大变局，积极识变应变求变，在危机中育新机、于变局中开新局提供了科学指引。

（二）擘未来。马克思主义政党的性质和宗旨，决定了其能够超越其他政党的党派偏私，有效避免政策前后不一、左右摇摆，为既定目标接续奋斗，实现远大理想和阶段性目标相统一。马克思主义政党所拥有的独特理论优势，决定了其能够依据科学理论深刻认识人类社会发展规律，科学预见未来，明确奋斗目标，制定达至目标的行动纲领，不断增强工作的前瞻性、预见性、指导性，防止和避免盲目性、随意性、片面性。党的十八大以来，以习近平同志为核心的党中央，根据时代发展新要求、人民美好生活新期待，科学擘画党和国家事业发展的宏伟蓝图，提出一系列战略目标、战略布局、战略部署、战略举措。

党的十八大以来，习近平总书记先后提出“两个一百年”奋斗目标，作出分两个阶段实现第二个百年奋斗目标的战略安排，并明确新时代新征程党的中心任务是“团结带领全国各族人民全面建成社会主义现代化强国、实现第二个百年奋斗目标，以中国式现代化全面推进中华民族伟大复兴”。围绕这些目标，习近平总书记提出统揽伟大斗争、伟大工程、伟大事业、伟大梦想，统筹推进“五位一体”总体布局，协调推进“四个全面”战略布局；提出实施科教兴国战略、人才强国战略、创新驱动发展战略、乡村振兴战略、区域协调发展战略、可持续发展战略、军民融合发展战略等重大战略，还分别提出建设制造强国、科技强国、质量强国、航天强国、网络强国、交通强国、海洋强国、贸易强国、体育强国、文化强国、教育强国、人才强国、农业强国等强国目标。此外，习近平总书记对经济社会发展各领域也分别提出具体的目标要求，形成一个总分结合、覆盖全面、内容丰富的目标体系。

这些目标要求，为我们党团结带领全国各族人民踔厉奋发、勇毅前行、开创事业发展新局面提供了根本遵循。

（三）增自信。人民是历史的主人。马克思主义政党从事的事业是人民群众自己的事业，只有充分激发人民主人翁精神，鼓起人民群众创造美好未来的信心和勇气，汇聚蕴藏在人民之中的无穷智慧，形成全体人民团结奋进的磅礴力量，才能不断创造历史伟业。党的十八大以来，以习近平同志为核心的党中央，坚持人民主体地位，尊重人民首创精神，唤起全体中华儿女的自信心、自豪感，不断增强全党全国各族人民对中国特色社会主义的道路自信、理论自信、制度自信、文化自信，提出了一系列新思想新观点新论断。

针对一个时期一些干部群众对中国特色社会主义信心不足，对中华优秀传统文化、党的光辉历史知之不多、了解不深，自觉不自觉地将西方发展模式、政治制度等奉为圭臬，以此来评判我国现实等问题，习近平总书记明确指出："当今世界，要说哪个政党、哪个国家、哪个民族能够自信的话，那中国共产党、中华人民共和国、中华民族是最有理由自信的！"强调中国特色社会主义道路"是中国共产党带领中国人民历经千辛万苦、付出巨大代价开辟出来的，是被实践证明了的符合中国国情、适合时代发展要求的正确道路"；"拥有马克思主义科学理论指导是我们党坚定信仰信念、把握历史主动的根本所在"，置身于新中国成立以来特别是改革开放以来历史巨变之中的中国人更有资格、更有能力为发展马克思主义作出中国的原创性贡献；中国特色社会主义制度是具有鲜明中国特色、明显制度优势、强大自我完善能力的先进制度；中国特色社会主义文化积淀着中华民族最深沉的精神追求，代表着中华民族独特的精神标识，是激励全党全国各族人民奋勇前进的强大精神力量。

在这些重要思想指导下，中国人民的历史主动精神空前激发，创造活力空前迸发，防风险、迎挑战、抗打压的志气、骨气、底气空前增强。

（四）求变革。生产力是社会发展最革命、最活跃的因素，具有一往无前的革命性品格，是社会变革最终的和最主要的动因。马克思主义政党作为先进生产力的代表，始终以解放和发展生产力为己任，总是通过主动变革不适应生产力发展要求的生产关系和上层建筑，为生产力的发展开辟广阔前景。在执政条件下，马克思主义政党领导建立的社会主义制度并不是尽善尽美、一成不变的，而是在不断改革中日益完善的。党的十八大以来，以习近平同志为核心的党中央，以前所未有的力度全面深化改革，敢于啃硬骨头，敢于涉险滩，坚决破除各方面体制机制弊端，提出一系列关于全面深化改革的新理念新思想新战略。

根据改革进入攻坚区和深水区的实际，习近平总书记强调要“加强顶层设计、整体谋划”“增强改革的系统性、整体性、协同性”，明确提出全面深化改革的总目标、战略重点、优先顺序、主攻方向、工作机制、推进方式和时间表、路线图。习近平总书记着眼破除影响和制约生产力发展的体制机制障碍，提出“使市场在资源配置中起决定性作用和更好发挥政府作用”“贯彻新发展理念，构建新发展格局，推动高质量发展”；着眼突破关键核心技术受制于人的瓶颈，强调“科技是第一生产力、人才是第一资源、创新是第一动力”，健全新型举国体制，推进关键核心技术攻关和自主创新；着眼打破利益固化的藩篱、促进社会公平正义，提出要“加紧建设对保障社会公平正义具有重大作用的制度，逐步建立社会公平保障体系”，畅通社会向上流动通道、激发全社会创新创造活力，保证人民平等参与、平等发展权利；着眼推进高水平对外开放，强调要顺应经济全球化，依托我国超大规模市场优势，实行更加积极主动的开放战略，稳步扩大规则、规制、管理、标准等制度型开放。

这些重要思想，成为新时代全方位、深层次、根本性改革的行动指南，推动改革全面发力、多点突破、蹄疾步稳、纵深推进，各领域基础性制度框架基本确立，许多领域实现历史性变革、系统性重塑、整体性重构。

（五）治乱象。世界充满矛盾，人类社会就是在矛盾运动中发展进步的。存在的问题越多，矛盾运动越激烈，呼唤新思想的需求就越强烈，催生新理论的动力就越强劲。党的十八大以来，面对一系列长期积累及新出现的突出矛盾和问题，以习近平同志为核心的党中央，坚持问题导向，以巨大的政治勇气、强烈的历史担当、有力的政策举措，强力整治各种乱象。对人民群众反映强烈的突出问题，猛药去疴、重典治乱；对反复出现、久治难愈的问题，标本兼治、综合施策；对隐形变异、反弹回潮的老问题，紧盯不放，露头就打，形成了一系列整治乱象的理念、思路和办法。

针对一些地方和部门形式主义、官僚主义、享乐主义和奢靡之风屡禁不止，党中央从制定和落实中央八项规定破题，持之以恒纠治“四风”。针对一些地方和部门选人用人风气不正，习近平总书记鲜明提出新时代好干部标准，强化党组织领导和把关作用。针对有法不依、执法不严、司法不公、违法不究问题严重存在，习近平总书记提出要“努力让人民群众在每一项法律制度、每一个执法决定、每一宗司法案件中都感受到公平正义”，开展政法队伍教育整顿，严厉惩治执法司法腐败。针对一些领导干部面对错误思潮只想当绅士、不愿当斗士，马克思主义在一些学科中“失语”、教材中“失踪”、论坛上“失声”等突出问题，习近平总书记提出要“坚持马克思主义在意识形态领域指导地位的根本制度”，健全意识形态工作责任制，在全社会唱响主旋律、弘扬正能量。针对一些地方过度开发利用资源、过度透支环境承载力等突出问题，习近平总书记提出绿水青山就是金山银山的理念，强调要“坚持山水林田湖草沙一体化保护和系统治理”，坚持“走生产发展、生活富裕、生态良好的文明发展道路”，着力打赢污染防治攻坚战，打好蓝天、碧水、净土保卫战。

在这些重要思想指引下，我们党经过顽强努力，刹住了一些长期没有刹住的歪风，纠治了一些多年未除的顽瘴痼疾，党风政风和社会风气为之一新，各项事业蓬勃兴旺。

（六）防风险。马克思主义政党从事的事业是前无古人的开创性事业，在打破旧世界、建设新社会的历史进程中，注定会遇到各种可以预料和难以预料的风险挑战，注定会遭遇各种旧势力的围追堵截，居安思危、知危图安，在化危为机中破浪前行，是其与生俱来的优秀品格。中国共产党在内忧外患中诞生、在磨砺挫折中成长、在攻坚克难中壮大，历经百余年栉风沐雨，积累了应对各种风险挑战的丰富经验。党的十八大以来，习近平总书记深刻把握波谲云诡的国际形势、复杂敏感的周边环境、艰巨繁重的改革发展稳定任务带来的风险挑战，围绕防范化解重大风险、应对突发事件发表了一系列重要论述。

根据我国国家安全和社会安全面临的风险挑战日益增多，我国国家安全内涵和外延比历史上任何时候都要丰富，时空领域比历史上任何时候都要宽广，内外因素比历史上任何时候都要复杂的客观现实，习近平总书记提出总体国家安全观，突出国家安全的整体性、全域性、系统性，强化“大安全”理念，深刻揭示了国家安全的时代特征和内在规律。习近平总书记着眼从源头上防范化解重大安全风险，把问题解决在萌芽之时、成灾之前，强调要运用制度威力、制度优势应对风险挑战冲击，完善集中统一、高效权威的国家安全领导体制，构建系统完备、科学规范、运行有效的国家安全制度体系，找到了风险防范化解的治本之策。习近平总书记强调要“统筹发展和安全”“实现高质量发展和高水平安全的良性互动”“以新安全格局保障新发展格局”；强调各级领导干部要增强防范化解风险本领，既要有草摇叶响知鹿过、松风一起知虎来、一叶易色而知天下秋的风险洞察力，又要有见事早、行动快的风险处置力，既要敢于斗争，又要善于斗争，依靠顽强斗争打开事业发展新天地。

这些重要论述，指引我们有效破解国家安全面临的各种难题，经受住了来自政治、经济、意识形态、自然界等方面的风险挑战考验，续写了经济快速发展和社会长期稳定两大奇迹新篇章。

（七）谋大同。彻底解放全人类，建设每个人的自由发展是一切人的自由发展的条件的美好社会，最终实现共产主义，是马克思主义政党的崇高理想。马克思主义政党自登上历史舞台之日起，就顺应世界历史潮流，高举国际主义大旗，把自身的历史使命和世界各国人民的前途命运紧紧联系在一起，矢志不渝为推动人类发展进步而斗争。中国共产党既为中国人民谋幸福、为中华民族谋复兴，也为人类谋进步、为世界谋大同。党的十八大以来，以习近平同志为核心的党中央，始终以世界眼光关注人类前途命运，从人类发展大潮流、世界变化大格局、中国发展大历史，正确认识和处理同外部世界关系，提出一系列具有战略前瞻性和强大号召力的中国理念、中国主张、中国方案。

围绕回答建设一个什么样的世界、如何建设这个世界等重大课题，习近平总书记提出推动构建人类命运共同体，建设一个持久和平、普遍安全、共同繁荣、开放包容、清洁美丽的世界，反映了人类社会共同价值追求，符合中国人民和世界人民的根本利益，找到了不同社会制度、不同意识形态、不同历史文化、不同发展水平的国家共建美好世界的最大公约数。为破解全球发展难题、应对国际安全挑战、促进文明互学互鉴，习近平总书记提出全球发展倡议、全球安全倡议、全球文明倡议，为促进共同发展、维护和平稳定、推动文明进步增添了更多正能量；还提出全球治理观、国际秩序观、正确义利观、新安全观、新发展观、合作观、人权观、生态观、文明观等重要理念，提出推动构建新型国际关系、推动共建“一带一路”高质量发展等一系列主张。

这些重要思想，不仅为当代中国坚定站在历史正确的一边，站在人类文明进步的一边，始终做世界和平的建设者、全球发展的贡献者、国际秩序的维护者提供了根本遵循，而且为处在何去何从十字路口的世界提供了方向指引。

（八）强肌体。及时祛除影响党的肌体健康的各种消极因素，不断增强自身免疫力，是马克思主义政党始终保持蓬勃生机活力的独特优势。中国共产党始终坚持真理、修正错误，在解决自身问题中不断走向成熟，锻造了强身健体的强大能力，确保我们党历经沧桑而初心不改、饱经风霜而本色依旧。党的十八大以来，以习近平同志为核心的党中央，根据形势任务发展对党的领导、党的建设提出的新要求，紧紧围绕回答建设什么样的长期执政的马克思主义政党、怎样建设长期执政的马克思主义政党的重大时代课题，突出全面从严治党这个主题主线，以刀刃向内、刮骨疗毒、去腐生肌的自我革命精神，及时解决党内存在的突出矛盾和问题，提出一系列管党治党、兴党强党的新理念新思想新战略，形成习近平总书记关于党的建设的重要思想，为丰富和发展马克思主义建党学说作出了重大原创性贡献。

针对一个时期党的领导弱化、党的建设缺失、管党治党不力、一些贪腐问题触目惊心等突出问题，习近平总书记强调党面临的“四大考验”“四种危险”将长期存在，指出要时刻保持解决大党独有难题的清醒和坚定，要求健全全面从严治党体系。习近平总书记强调“全面从严治党，核心是加强党的领导，基础在全面，关键在严，要害在治”；提出新时代党的建设总要求，明确新时代党的建设方针、主线、着力点、总体布局和目标；提出自我革命是党“跳出治乱兴衰历史周期率的第二个答案”，必须增强党自我净化、自我完善、自我革新、自我提高的能力。习近平总书记还就以党的政治建设为统领，扎实做好理论武装、选贤任能、强基固本、育才聚才各项工作提出许多新的重要论断和要求。

在这些重要思想指导下，党的领导全面加强，党的政治领导力、思想引领力、群众组织力、社会号召力显著提升，管党治党宽松软状况得到根本扭转，党在革命性锻造中更加坚强有力，为党和国家事业取得历史性成就、发生历史性变革提供了坚强政治保证。

（《人民日报》2023 年 7 月 4 日第 9 版）

习近平新时代中国特色社会主义思想的理论创新与时代价值

杜飞进

习近平新时代中国特色社会主义思想是引领中国、影响世界的当代中国马克思主义、二十一世纪马克思主义，是新时代中国共产党的思想旗帜和精神旗帜。随着中华民族伟大复兴进入关键时期，我们越来越深刻地认识到，必须进一步深化对这一重要思想作为当代中国马克思主义、二十一世纪马克思主义的认识，进一步深入理解习近平新时代中国特色社会主义思想的理论创新与时代价值。作为马克思主义在当代中国、在二十一世纪的理论形态，习近平新时代中国特色社会主义思想推动马克思主义中国化时代化实现了重大发展，指引中国特色社会主义进入了新时代，从理论与实践的结合上科学回答了中国之问、世界之问、人民之问、时代之问。这一重要思想开辟了马克思主义科学性、人民性、实践性、开放性的新境界，闪烁着耀眼的真理光芒。

赋予科学的理论以全新内涵

马克思主义理论体系和知识体系博大精深，是整个人类精神的精华，其科学性的真谛就在于深刻揭示了自然界、人类社会、人类思维发展的普遍规律，为人类社会发展进步指明了方向。习近平新时代中国特色社会主义思想之所以是科学的理论，就在于这一重要思想紧密结合时代条件和实践要求，以全新视野深化了对共产党执政规律、社会主义建设规律、人类社会发展规律的认识，开辟了马克思主义科学性的新境界。

对共产党执政规律作出新的深刻揭示。中国共产党是世界上最大的政党，是在中国这样一个社会主义大国长期执政的执政党。如何让这样一个百年大党始终成为坚强的马克思主义执政党，本身就是世纪性的课题。习近平新时代中国特色社会主义思想明确中国特色社会主义最本质的特征是中国共产党领导，中国特色社会主义制度的最大优势是中国共产党领导；强调党要管党、全面从严治党，提出新时代党的建设总要求，突出政治建设的统领作用；强调中国式现代化是中国共产党领导的社会主义现代化，明确坚持党的全面领导是坚持和发展中国特色社会主义的必由之路；等等。这些重要论述体现了我们党对共产党执政规律认识的不断深化。基于对共产党执政规律的深刻把握，我们探索出一条长期执政条件下解决自身问题、跳出历史周期率的成功道路。

对社会主义建设规律作出新的深刻揭示。习近平总书记指出："中国特色社会主义是在不断总结经验、探索规律中开辟和前进的。"新时代对我们党提出的一个重大时代课题，就是从理论和实践的结合上系统回答新时代坚持和发展什么样的中国特色社会主义、怎样坚持和发展中国特色社会主义。习近平新时代中国特色社会主义思想强调中国特色社会主义是社会主义而不是其他什么主义，坚定了走中国特色社会主义道路的战略定力；提出统筹推进“五位一体”总体布局、协调推进“四个全面”战略布局，丰富了中国特色社会主义的内涵；系统描绘了中国特色社会主义制度图谱，强调不断把我国制度优势更好转化为国家治理效能；等等。这些重要论述，标志着我们党对社会主义建设规律的认识和把握达到新高度，为新时代中国特色社会主义建设事业提供了科学指南和根本遵循。

对人类社会发展规律作出新的深刻揭示。人类社会的发展进程，是不断认识把握历史规律，从必然王国向自由王国迈进的过程。当前，世界之变、时代之变、历史之变正以前所未有的方式展开，世界进入新的动荡变革期。面对“世界怎么了、我们怎么办”的时代之问，习近平新时代中国特色社会主义思想秉持正确的历史观、大局观、角色观，在回望历史中总结历史规律，在展望未来中把握前进趋势。提出推动构建人类命运共同体这一重大理念，指出“世界是各国人民的世界，世界面临的困难和挑战需要各国人民同舟共济、携手应对，和平发展、合作共赢才是人间正道”，强调“站在历史正确的一边，站在人类进步的一边”。这些重要论述，深化了我们党对人类社会发展规律的认识，为创造世界和平与发展的美好未来提供了中国智慧和中国方案。

彰显人民的理论的真挚情怀

马克思主义坚持实现人民解放、维护人民利益的立场，以实现人的自由而全面的发展和全人类解放为己任，第一次创立了人民实现自身解放的思想体系，因而具有跨越国度、跨越时代的影响力。人民性是习近平新时代中国特色社会主义思想鲜明的理论底色。

把一切为了人民作为价值旨归。习近平新时代中国特色社会主义思想是来自人民、为了人民、造福人民的理论，坚持人民至上是贯穿其中的一条红线。习近平总书记指出："人民对美好生活的向往，就是我们的奋斗目标""中国共产党人的初心和使命，就是为中国人民谋幸福，为中华民族谋复兴""以百姓心为心，与人民同呼吸、共命运、心连心，是党的初心，也是党的恒心"。无论是打赢脱贫攻坚战，解决人民最关心最直接最现实的利益问题，还是推进健康中国、平安中国、美丽中国建设，都充分彰显这一重要思想一切为了人民的根本立场，充分展现人民至上的价值取向。

以促进共同富裕回应民生期盼。共同富裕是中国特色社会主义的本质要求，也是人民群众的共同期盼。习近平新时代中国特色社会主义思想作出我国社会主要矛盾发生转化的重大政治论断，为解决我国发展不平衡不充分问题、逐步实现全体人民共同富裕奠定了理论基础；把脱贫攻坚作为"三大攻坚战"之一，推动困扰中华民族千百年的绝对贫困问题历史性地画上了句号。党的十九届五中全会在制定到2035年基本实现社会主义现代化远景目标时提出"全体人民共同富裕取得更为明显的实质性进展"，并在改善人民生活品质部分突出强调"扎实推动共同富裕”。习近平总书记深刻指出：“现在，已经到了扎实推动共同富裕的历史阶段。”这充分表明我们党把促进全体人民共同富裕摆在更加突出的位置上。作为人口规模巨大的国家，中国实现共同富裕的宏伟目标将逐渐变成现实。

为人类自由解放作出中国贡献。习近平总书记指出：“马克思主义博大精深，归根到底就是一句话，为人类求解放。”秉持这样的共产主义理想信念和天下情怀，习近平总书记提出构建人类命运共同体，强调“我们要实现的中国梦，不仅造福中国人民，而且造福各国人民”。发起共建“一带一路”倡议，提出全球治理观、新安全观、新发展观、正确义利观等一系列占据国际道义制高点的全新理念；强调“中国开放的大门只会越开越大”，推出一系列让更多国家搭乘中国发展快车的积极举措；提出并推动践行全球发展倡议、全球安全倡议、全球文明倡议，为促进共同发展繁荣作出中国贡献，也为探求人类自由解放道路作出中国探索。

展现实践的理论的巨大威力

马克思主义具有鲜明的实践品格，不仅致力于科学“解释世界”，而且致力于积极“改变世界”，指引着人民改造世界的行动。实践的观点是马克思主义认识论的基本观点，实践性是马克思主义理论区别于其他理论的显著特征，也是习近平新时代中国特色社会主义思想的鲜明品格。习近平总书记指出：“一种理论的产生，源泉只能是丰富生动的现实生活，动力只能是解决社会矛盾和问题的现实要求。”在与实践的良性互动中，习近平新时代中国特色社会主义思想为新时代中国正在进行的伟大实践提供了科学指引。

以解决社会矛盾和问题为理论出发点。习近平新时代中国特色社会主义思想是在扎根现实土壤、回应实践需求、回答时代课题中萌发、形成和不断发展的。习近平总书记作出的重大判断和重大结论，都是基于对社会矛盾和问题的科学分析。比如，针对我国发展不平衡不充分，不能完全满足人民日益增长的美好生活需要的问题，作出我国社会主要矛盾发生变化的科学判断，明确了今后一个时期全党工作的战略重点和主攻方向；基于对我国经济发展“三期叠加”的分析，作出经济发展进入新常态的判断，提出贯彻新发展理念、推动经济高质量发展、建设现代化经济体系、推进供给侧结构性改革等一系列重要思想，为我国经济长期稳定发展提供了根本遵循；针对我国意识形态领域一度出现的被动局面，提出加强党对意识形态工作的领导等重要思想，使我国意识形态领域形势发生了全局性、根本性转变。这样的问题导向，充分彰显了习近平新时代中国特色社会主义思想直面问题的政治勇气、理论魅力和唯实务实的思想品格。

在实践中发挥巨大引领作用。习近平新时代中国特色社会主义思想的实践性特征，突出体现为其巨大的现实解释力和实践引领力。党的十八大以来，正是在这一重要思想指引下，党和国家事业取得历史性成就、发生历史性变革，解决了许多长期想解决而没有解决的难题，办成了许多过去想办而没有办成的大事，把新时代中国特色社会主义更加有力地推向前进。过去十年，我们经受住了来自政治、经济、意识形态、自然界等方面的风险挑战考验，完成了脱贫攻坚、全面建成小康社会的历史任务，实现了第一个百年奋斗目标，我国经济实力、科技实力、综合国力跃上新的大台阶，人民群众获得感、幸福感、安全感显著增强，中国共产党领导和我国社会主义制度优势进一步彰显，推动我国迈上全面建设社会主义现代化国家新征程，中华民族伟大复兴向前迈出了新的一大步。

在与实践的良性互动中不断丰富发展。习近平新时代中国特色社会主义思想坚持把人民的创造性实践作为理论创新的不竭源泉，始终在实践中吸收养分，不断进行理论创新创造。比如，习近平总书记从中国特色社会主义发展和当代中国发展进步的全局出发，进一步深化对我国国家制度和国家治理体系建设的规律性认识，把制度建设摆到更加突出的位置、进行系统总结并提出发展方向和工作要求；面对开启全面建设社会主义现代化国家新征程的要求，提出我国进入新发展阶段的重大判断；面对世界百年未有之大变局进入加速演变期、经济全球化遭遇逆流的国际形势，提出构建以国内大循环为主体、国内国际双循环相互促进的新发展格局的重大战略思想；等等。实践是多彩的，基于实践的理论之树常青。习近平新时代中国特色社会主义思想必将在与实践的良性互动中展现出更加强大的实践威力。

凸显不断发展的开放的理论的鲜明品格

马克思主义是随着时代、实践、科学发展而不断发展的开放的理论体系，它并没有结束真理，而是开辟了通向真理的道路。习近平新时代中国特色社会主义思想的开放性不仅体现在对人类创造的一切文明成果的学习借鉴上，更在于始终坚持把马克思主义基本原理同中国具体实际、同中华优秀传统文化相结合，坚持继承与发展、守正与创新相统一，不断开辟马克思主义中国化时代化新境界。

坚持与时俱进的理论品格。党的十八大以来，习近平总书记运用“两个结合”“六个必须坚持”等科学方法，结合新的时代条件和实践要求提出一系列新理念新思想新战略，为发展马克思主义哲学、政治经济学、科学社会主义作出原创性贡献。比如，在马克思主义哲学方面，准确把握矛盾运动的对立统一规律，强调发扬斗争精神、增强斗争本领，体现以自觉的斗争实践打开新天地、夺取新胜利的哲学思辨；在马克思主义政治经济学方面，运用马克思主义政治经济学基本原理和方法论认识经济运动过程，提出新发展阶段、新发展理念、新发展格局、高质量发展等概念范畴，开辟了当代中国马克思主义政治经济学发展的新境界；在科学社会主义方面，运用科学社会主义基本原则和马克思主义国家理论，探讨中国特色社会主义制度和国家治理现代化的关系，实现了马克思主义国家制度理论的创新发展；等等。随着时代条件的不断发展变化，习近平新时代中国特色社会主义思想还将为发展马克思主义作出更多原创性贡献。

吸收人类一切优秀文明成果。不拒众流，方为江海。习近平新时代中国特色社会主义思想坚持用宽广的视野、开放的胸怀吸收人类创造的一切优秀文明成果，从不同文明中寻求智慧、汲取营养。习近平总书记高度重视把马克思主义基本原理同中华优秀传统文化相结合，同时高度重视不同文明包容共存、交流互鉴，强调“文明因多样而交流，因交流而互鉴，因互鉴而发展”“要更加积极主动地学习借鉴人类创造的一切优秀文明成果”。习近平新时代中国特色社会主义思想必将引领中国以更加开放的姿态拥抱世界，以更有活力的中华民族现代文明贡献世界。

始终站在时代发展前沿。马克思主义开放性的一个重要体现，就在于始终立于时代潮头，为回答前沿问题贡献理论智慧。习近平新时代中国特色社会主义思想始终站在时代发展前沿，不断探索时代提出的崭新课题，回应全人类共同面临的挑战。比如，密切关注新一轮科技革命和产业变革的深远影响，聚焦量子科技、区块链等前沿科技领域，强调加快基础研究突破和关键核心技术攻关，引领新一轮科技革命和产业变革方向；密切关注信息技术导致舆论生态、媒体格局、传播方式发生的深刻变化，强调加快推动媒体融合发展，形成网上网下同心圆；站在引领时代潮流和人类文明进步的高度，倡导建设持久和平、普遍安全、共同繁荣、开放包容、清洁美丽的世界，为解决全球性问题贡献了中国智慧、中国方案。

（《人民日报》2023 年 9 月 19 日第 9 版）

深刻领悟党的创新理论的强大力量

双传学

思想统一是政治统一、行动统一的基础，是党的团结统一最深厚最持久最可靠的保证。习近平总书记在为第六批全国干部学习培训教材所作的序言中指出："要巩固拓展主题教育成果，坚持不懈用新时代中国特色社会主义思想凝心铸魂，真正把马克思主义看家本领学到手""要善于从党的创新理论中汲取踔厉奋发、勇毅前行的精神动力"。理论强，才能方向明、人心齐、底气足。用习近平新时代中国特色社会主义思想武装头脑、指导实践、推动工作，是一项长期的重大政治任务。要巩固拓展学习贯彻习近平新时代中国特色社会主义思想主题教育成果，深刻领悟党的创新理论的强大力量，不断增进政治认同、思想认同、理论认同、情感认同。

感悟真理力量

科学理论是对客观事物的本质及其规律性的深刻认识，是经过严密逻辑论证和实践反复检验的真理。习近平总书记指出："在人类思想史上，就科学性、真理性、影响力、传播面而言，没有一种思想理论能达到马克思主义的高度，也没有一种学说能像马克思主义那样对世界产生了如此巨大的影响。”马克思主义深刻揭示了自然界、人类社会、人类思维发展的普遍规律，反映了人类对理想社会的美好憧憬，为人类社会发展进步指明了方向，为人民指明了实现自由和解放的道路，具有强大的真理力量。

推进马克思主义中国化时代化，是一个追求真理、揭示真理、笃行真理的过程。习近平新时代中国特色社会主义思想的创立，实现了马克思主义中国化时代化新的飞跃。习近平新时代中国特色社会主义思想是当代中国马克思主义、二十一世纪马克思主义，以其科学体系、核心要义、实践要求，以其科学的世界观、方法论和贯穿其中的立场观点方法，凸显科学理论的时代品格，彰显科学理论的真理魅力。这一重要思想深刻把握马克思主义创新发展的内在规律，坚持把马克思主义基本原理同中国具体实际相结合、同中华优秀传统文化相结合，坚持运用辩证唯物主义和历史唯物主义，正确回答时代和实践提出的重大问题，在新时代展现出强大真理力量。奋进新征程，进一步用党的创新理论将党员干部武装起来、凝聚起来，就要深刻领悟习近平新时代中国特色社会主义思想的真理力量，切实增强学习宣传贯彻的政治自觉、思想自觉和行动自觉，不断夯实推进和拓展中国式现代化的思想基础。

汲取信仰力量

拥有马克思主义科学理论指导是我们党坚定信仰信念的根本所

在。信仰信念只有建立在把握社会历史发展规律的基础上，才能在头脑中牢牢扎根，经受住大风大浪的考验。马克思主义揭示了人类社会发展的客观规律，为人类描绘了一幅壮美瑰丽的未来蓝图，激励着人们抱着必胜信念信心为之不懈奋斗。中国共产党一经成立，就把马克思主义写在自己的旗帜上，树立了远大的理想和坚定的信仰。

坚定的理想信念，永远是激励我们奋勇向前、克难制胜的不竭力量源泉。习近平新时代中国特色社会主义思想，高扬理想信念的旗帜，深刻彰显对马克思主义的信仰、对社会主义和共产主义的信念，深刻彰显新时代中国共产党人的崇高追求和远大抱负。奋进新征程，要坚持不懈用习近平新时代中国特色社会主义思想凝心铸魂，将其转化为对马克思主义的坚定信仰，自觉做共产主义远大理想和中国特色社会主义共同理想的坚定信仰者和忠实实践者；转化为对中国特色社会主义的坚定信念，以志不改、道不变的决心走中国特色社会主义道路；转化为对实现中华民族伟大复兴中国梦的坚定信心，风雨无阻朝着既定目标奋勇前行。

凝聚人民力量

科学理论为人民所掌握，就能迸发出无坚不摧的强大力量。在人类思想史上，马克思主义第一次站在人民的立场探求人类自由解放的道路。马克思、恩格斯在《共产党宣言》中指出：“过去的一切运动都是少数人的，或者为少数人谋利益的运动。无产阶级的运动是绝大多数人的，为绝大多数人谋利益的独立的运动。”历史和实践都充分表明，党的创新理论来自人民、为了人民、造福人民。在推进马克思主义中国化时代化的历史进程中，我们党始终坚持人民至上，站稳人民立场、把握人民愿望、尊重人民创造、集中人民智慧，形成为人民所喜爱、所认同、所拥有的理论，使之成为指导人民认识世界和改造世界的强大思想武器。

作为马克思主义中国化时代化的最新成果，“人民”二字在习近平新时代中国特色社会主义思想中具有基础性、根本性的地位和作用，人民至上是这一重要思想的理论基点、价值支点、实践原点。习近平新时代中国特色社会主义思想把一切为了人民作为执政兴国的根本价值取向，把一切依靠人民作为创造历史伟业的根本动力源泉，充分展现了“以百姓心为心”的真挚情怀和“依靠人民创造历史伟业”的博大境界。奋进新征程，要深刻领悟习近平新时代中国特色社会主义思想的人民立场，始终坚持人民至上，始终与人民风雨同舟、与人民心心相印，想人民之所想，行人民之所嘱，紧紧依靠人民推进历史伟业，不断把人民对美好生活的向往变为现实。

增强团结力量

科学理论是对事物发展规律的深刻揭示，是对社会发展趋势的精准把握，是对人民群众智慧的高度概括，是统一思想、统一意志、统一行动的有力武器，能够有效促进团结。马克思主义是我们立党立国、兴党兴国的根本指导思想，正是有了这一科学理论，中国人民才牢固树立起共同的理想信念，团结一致、共同奋斗。团结奋斗是一百多年来中国共产党人、中国人民、中华民族锤炼铸就的宝贵精神品质，是中国人民创造历史伟业的必由之路，是全面建成社会主义现代化强国的重要保证。习近平新时代中国特色社会主义思想是新时代中国共产党的思想旗帜和精神旗帜，指引我们党团结带领人民不懈奋斗。

团结奋斗离不开思想引领，统一思想才能团结一心、步调一致。新时代以来，全党全国各族人民紧密团结在以习近平同志为核心的党中央周围，以“比铁还硬，比钢还强”的团结之力，以“越是艰险越向前”的不懈奋斗，赢得彪炳史册的历史性胜利。实践充分证明，习近平新时代中国特色社会主义思想是团结奋斗的思想旗帜和精神旗帜。有了习近平新时代中国特色社会主义思想，全党全国各族人民思想上行动上就有了根本遵循，团结奋斗就有了思想根基和信心底气、就有了明确目标和行动指南。奋进新征程，要坚持不懈用习近平新时代中国特色社会主义思想引领团结奋斗的正确方向、激发团结奋斗的深层动力，让全党全国各族人民在党的旗帜下团结成“一块坚硬的钢铁”，心往一处想、劲往一处使，推动中华民族伟大复兴号巨轮乘风破浪、扬帆远航。

彰显实践力量

科学理论源于实践又引领实践，具有强大的实践力量。习近平总书记指出：“实践的观点、生活的观点是马克思主义认识论的基本观点，实践性是马克思主义理论区别于其他理论的显著特征。”马克思主义不是书斋里的学问，而是为了改变人民历史命运而创立的，是在人民求解放的实践中形成的，也是在人民求解放的实践中丰富和发展的。百余年来，我们党坚持把马克思主义基本原理同中国具体实际相结合、同中华优秀传统文化相结合，在创造性地解决中国革命、建设和改革的一系列重大实践问题中不断开辟马克思主义中国化时代化新境界。新时代，习近平新时代中国特色社会主义思想指引党和国家事业取得历史性成就、发生历史性变革，彰显强大实践力量。

马克思指出："全部社会生活在本质上是实践的。"习近平新时代中国特色社会主义思想科学回答了中国之问、世界之问、人民之问、时代之问，是从新时代中国特色社会主义伟大实践中产生的理论结晶，是经过实践检验、富有实践伟力的强大思想武器。习近平新时代中国特色社会主义思想是在研究问题、解决问题中丰富发展的，是在推动实践、指导实践中成熟完善的，具有强烈的问题意识、鲜明的实践导向，具有强大的现实解释力和实践引领力。奋进新征程，要深刻感悟习近平新时代中国特色社会主义思想的实践力量，善于运用科学理论解决实际问题，深刻把握中国式现代化的中国特色、本质要求、重大原则和需要处理好的重大关系，牢牢锚定全面建成社会主义现代化强国的奋斗目标，以中国式现代化全面推进强国建设、民族复兴伟业。

（《人民日报》2024 年 4 月 2 日第 9 版）

坚持干字当头

第二章

坚持干字当头，必须吃透党中央精神，处理好部署和落实的关系

坚持狠抓落实

詹成付

空谈误国，实干兴邦。党的十八大以来，习近平总书记围绕狠抓落实作出一系列重要论述，强调“要把抓落实作为开展工作的主要方式，动脑子、想办法，拿出真招实招来，切实把党中央决策部署的各项任务一项一项抓好”“要坚持真抓实干、狠抓落实，一切工作都要往实里做、做出实效，不好高骛远、不脱离实际，力戒形式主义、官僚主义”。去年底召开的中央经济工作会议强调：“要坚持和加强党的全面领导，深入贯彻落实党中央关于经济工作的决策部署。要不折不扣抓落实，确保最终效果符合党中央决策意图。要雷厉风行抓落实，统筹把握时度效。要求真务实抓落实，坚决纠治形式主义、官僚主义。要敢作善为抓落实，坚持正确用人导向，充分发挥各级领导干部的积极性主动性创造性。”这充分彰显了我们党强烈的使命担当和崇高的为民情怀，深刻体现了习近平新时代中国特色社会主义思想的世界观和方法论，为我们深入贯彻落实党中央关于经济工作的决策部署指明了方向、提供了遵循。

深刻认识狠抓落实的重要意义

一个行动胜过一打纲领。反对空谈、强调实干、注重落实，是我们党的优良传统。“落实”是知与行的贯通、理论与实践的结合。离开了落实，一切都是空谈。“狠抓”体现的是落实的态度和质量。抓而不紧，等于不抓；抓而不实，等于白抓。狠抓落实，就要有咬定青山不放松的韧劲、不达目的不罢休的拼劲，真正把各项工作落到实处、抓出成效。党的十八大以来，面对错综复杂的国际形势、艰巨繁重的国内改革发展稳定任务，习近平总书记强调要“增强狠抓落实本领”，做到一分部署、九分落实，抓铁有痕、踏石留印，发扬钉钉子精神，积小胜为大胜，务求取得实效；警醒全党“不注重抓落实，不认真抓好落实，再好的规划和部署都会沦为空中楼阁”。新时代，我们党之所以能够打赢脱贫攻坚战、全面建成小康社会，推动党和国家事业取得历史性成就、发生历史性变革，一个重要原因就在于以钉钉子精神抓部署、抓落实、抓督查，不获全胜决不收兵。事实反复证明，抓好落实，我们的事业就能充满生机；抓不好落实，再好的蓝图也只是镜中花、水中月。

党的二十大明确了新时代新征程我们党的中心任务，就是团结带领全国各族人民全面建成社会主义现代化强国、实现第二个百年奋斗目标，以中国式现代化全面推进中华民族伟大复兴。面对新形势新任务，我们必须整体把握新时代新征程党和国家事业发展的目标任务、战略部署、重大举措，紧密结合本地区本部门实际真抓实干，务实功、出实招、求实效，善作善成，坚决杜绝口号式、表态式、包装式落实的做法。对当务之急，要立说立行、紧抓快办，不能慢慢吞吞、拖拖拉拉；对长期任务，要保持战略定力和历史耐心，坚持一张蓝图绘到底，滴水穿石，久久为功。要强化精准思维，坚持“致广大而尽精微”，做到谋划时统揽大局、操作中细致精当，以绣花功夫把工作做扎实、做到位。只要我们坚持实干兴邦、实干惠民，就一定能够把全面建设社会主义现代化国家的宏伟蓝图一步步变成现实。

全面把握狠抓落实的基本要求

狠抓落实必须维护党中央权威。习近平总书记指出：“治理我们这样的大党大国，如果没有党中央权威和集中统一领导，如果没有全党全国思想统一、步调一致，什么事也办不成。”《关于新形势下党内政治生活的若干准则》提出：“对党中央决策部署，任何党组织和任何党员都不准合意的执行、不合意的不执行，不准先斩后奏，更不准口是心非、阳奉阴违。”要牢固树立全国一盘棋思想，自觉在大局下行动，坚持小道理服从大道理、地方利益服从国家整体利益，坚持算大账、算长远账，不打小算盘、不搞小聪明，自觉防止和反对个人主义、分散主义、自由主义、本位主义，做到既为一域争光、又为全局添彩。属于部门和地方职权范围的工作部署，要以贯彻党中央决策部署为前提，发挥积极性主动性创造性，但决不能自行其是、各自为政，决不能有令不行、有禁不止，决不能搞上有政策、下有对策。

狠抓落实必须紧紧依靠人民群众。习近平总书记指出：“坚持人民主体地位，充分调动人民积极性，始终是我们党立于不败之地的强大根基。”要教育引导广大党员干部深刻认识党的性质宗旨，坚持一切为了人民、一切依靠人民，始终把人民放在心中最高位置、把人民对美好生活的向往作为奋斗目标，推动改革发展成果更多更公平惠及全体人民，推动共同富裕取得更为明显的实质性进展。抓住人民群众最关心最直接最现实的利益问题，抓住最需要关心的人群，一件事情接着一件事情办、一年接着一年干，锲而不舍向前走，推动人民群众反映强烈的突出问题不断解决，持续增强人民群众的获得感幸福感安全感，把14亿多中国人民凝聚成推动中华民族伟大复兴的磅礴力量。

狠抓落实必须防止形式主义和官僚主义。习近平总书记指出："抓落实来不得花拳绣腿，光喊口号、不行动不行，单单开会、发文件不够，必须落到实处。抓落实，是党的政治路线、思想路线、群众路线的根本要求"。狠抓落实，就要转变工作作风，把更多力量和资源向基层下沉，在务实功、求实效上下功夫，力戒形式主义、官僚主义。防止形式主义和官僚主义，需要在狠抓落实时增强创造性。在我国，不同地区的经济条件、自然条件不均衡是客观存在的，抓落实不能照搬照抄、上下一般粗。要坚持实事求是、求真务实，从实际出发谋划工作，使提出的政策、举措、方案符合实际情况、符合客观规律、符合科学精神，以创造性工作把党中央决策部署落到实处。各地区各部门要加强协同配合，增强政策举措的灵活性、协调性、配套性，努力取得最大政策效应。

狠抓落实必须树立正确政绩观。习近平总书记指出，抓落实"也是衡量领导干部党性和政绩观的重要标志"。广大党员干部必须按照党中央的要求，牢记党和人民的嘱托，树立正确政绩观，既要与时俱进、勇于开拓，又要领悟政贵有恒的道理。发扬"功成不必在我、功成必定有我"的精神，坚持一张蓝图绘到底。对于已有的部署和规划，只要是科学的、契合新的实践要求的、符合人民群众愿望的，就要坚持，一茬接着一茬干。各地区各部门要牢牢把握在国家发展大局中的战略定位，找准服务和融入新发展格局的切入点，坚持有所为、有所不为，走合理分工、优化发展的路子，更好服务和融入新发展格局，决不能脱离实际硬干，更不能为了出政绩不顾条件蛮干。

坚持用好狠抓落实的重要方法

完善党中央重大决策部署落实机制。习近平总书记指出："健全总揽全局、协调各方的党的领导制度体系，完善党中央重大决策部署落实机制，确保全党在政治立场、政治方向、政治原则、政治道路上同党中央保持高度一致，确保党的团结统一。"各地区各部门都要自觉贯彻党中央决策部署，确保党总揽全局、协调各方。各级党组织要把相关责任落实到人到事，做到凡事都有人去管、去盯、去促、去干，每一件事责任主体是谁都应该清清楚楚。

领导干部要率先垂范。习近平总书记指出："抓落实，一把手是关键，要把责任扛在肩上"。各地区各部门主要领导干部，既要带领大家一起定好盘子、理清路子、开对方子，又要做到重要任务亲自部署、关键环节亲自把关、落实情况亲自督查，不能高高在上、凌空蹈虚，不能只挂帅不出征。领导干部要把增强"四个意识"、坚定"四个自信"、做到"两个维护"落实到行动上，弘扬真抓实干作风，推动工作要实打实、硬碰硬，解决问题要雷厉风行、见底见效，以钉钉子精神抓好攻坚难度大、影响面广、同老百姓关系密切的任务。

加强调查研究。习近平总书记指出："抓好落实，必须大兴调查研究之风，对真实情况了然于胸”“要靠深入调查研究下功夫解难题，靠贴近实际和贴近群众的务实举措抓落实，靠一级压一级推动工作，确保党中央决策部署落地生根”。要加强调查研究，在抓落实时尽可能多听一听基层和一线的声音，尽可能多接触第一手材料，做到重要情况心中有数。对抓落实中遇到的新情况新问题，要及时研究、提出对策、积极化解。要发扬钉钉子精神，摸清情况，找到症结，锲而不舍、脚踏实地抓落实。不能遇到矛盾和问题就绕着走，遇到困难就打退堂鼓，而要真正下功夫解难题，直到问题彻底解决为止。

开展督促检查。习近平总书记指出：“督察是抓落实的重要手段”“以多种形式督促检查，指导和帮助各地区各部门分解任务、落实责任”。要围绕大局加强督办、促进落实，对党中央作出的重大决策、提出的原则性要求等，通过建章立制、督促检查等手段，一个一个跟踪问效，推动各项工作部署落实到位。要把督导的重点放在各级领导班子、领导干部特别是一把手身上，督任务、督进度、督成效，察认识、察责任、察作风，全面掌握作风上需要解决的突出问题，及时了解工作推进中的苗头性、倾向性问题，跟踪落实情况，该把的关口一定把好，该尽的责任一定尽到，确保把关到位、督导到位。要深入整治形式主义、官僚主义，减少名目繁多、变形走样的考核评估、督查检查等，让基层干部有更多精力为群众办实事。

严肃问责追责。习近平总书记指出：“要建立问责机制，对不落实党中央决策部署的，要严肃追究责任。”现实中，还存在有的落实党中央决策部署不用心、不务实、不尽力，有的口号喊得震天响、行动起来轻飘飘，把说的当做了、把做了当做成了等情况，致使党的路线方针政策贯彻落实成效大打折扣。针对这些情况，要严肃问责追责，对违规违纪、破坏法规制度踩“红线”、越“底线”、闯“雷区”的，要坚决严肃查处。不管任何地方、任何时候、任何人，凡是需要追责的，都要一追到底，让制度成为刚性的约束和不可触碰的高压线。

（《人民日报》2024 年 2 月 1 日第 9 版）

以钉钉子精神抓好改革落实

唐方裕

党的二十届三中全会通过的《中共中央关于进一步全面深化改革、推进中国式现代化的决定》（以下简称《决定》）60 条中最后一条，专门强调“以钉钉子精神抓好改革落实”，要求“对党中央进一步全面深化改革的决策部署，全党必须求真务实抓落实、敢作善为抓落实，坚持上下协同、条块结合，科学制定改革任务书、时间表、优先序，明确各项改革实施主体和责任，把重大改革落实情况纳入监督检查和巡视巡察内容，以实绩实效和人民群众满意度检验改革”。贯彻落实好这一要求，需要深刻认识抓好改革落实的特殊重要性，明确抓好改革落实的重要关节点和着力点。

抓落实对于进一步全面深化改革特别重要

抓落实对一切工作都十分重要，“一分部署、九分落实”是对事业发展和领导活动的重要规律性认识。决策和执行作为推进工作的基本环节，都很重要，为什么我们经常强调“一分部署、九分落实”呢？

其根本道理在于，抓落实作为作决策的后续工作，所花费的时间和精力、所需要的资源和条件、所涉及的战线和领域、所直面的矛盾和问题，多数情况下比作决策更多一些。同时，再好的决策，如果执行不力、抓落实不到位，就见不到成效，或者达不到预定目标。

关于抓落实的重要性，古今中外都有很多名言警句。诸如“空谈误国，实干兴邦”；“为政贵在行，以实则治，以文则不治”；“百言百当，不如择趋而审行也”；“驰思于千里，不若跬步之必至”；“言之非难，行之为难”；“一个行动胜过一打纲领”；等等。这些名言警句，是实践经验的凝结，蕴含事物发展和治国理政的客观规律，给人以恒久启发和教益。

我们党作为马克思主义政党，秉持言行一致、求真务实，一直把抓落实作为贯彻党的政治路线、思想路线、组织路线、群众路线的根本性要求，作为衡量党员干部党性和作风的重要标准。毛泽东同志指出：“什么东西只有抓得很紧，毫不放松，才能抓住。抓而不紧，等于不抓。”习近平总书记反复强调：“如果不沉下心来抓落实，再好的目标，再好的蓝图，也只是镜中花、水中月。”党的各个历史时期，是不是抓好落实、贯彻执行党的大政方针措施和方法是不是对头，都在相当程度上影响事业的发展进步。新时代以来，我们党团结带领人民群众攻克许多长期没有解决的难题，办成许多事关长远的大事要事，推动党和国家事业取得历史性成就、发生历史性变革，极为重要的一条就在于在党中央正确决策下全党上下全力以赴抓落实。

进一步全面深化改革攻坚克难的显著特点，决定抓落实必须下更大功夫。党的十八届三中全会开启的全面深化改革，一个重要标识就是敢于突进深水区，敢于啃硬骨头，敢于涉险滩。进一步全面深化改革是党的十八届三中全会以来全面深化改革的实践续篇，也是新征程推进中国式现代化的时代新篇，攻坚克难任务更重、特点更鲜明。这是因为，全面深化改革越是向纵深推进，触及的利益矛盾越复杂尖锐，动奶酪遇到的干扰越多、阻力越大，硬骨头越难啃。在这样的形势下，改革每前进一步都不容易，稍有松懈就可能半途而废。只有在改革落实上下更大功夫，才能克服利益调整中的种种阻力，真正打破利益固化藩篱，用更多更好的现代化成果惠及最广大人民，真正做到取信于民，同时赢得国际竞争和国际政治斗争主动权。《决定》强调“以钉钉子精神抓好改革落实”，道理正在于此。

抓好改革落实需要清晰的思路、明确的责任、顽强的韧劲

进一步全面深化改革是一项系统工程，抓好改革落实应当有系统的思维、配套的举措、持续的行动，采取正确的手段方式，精准把握时度效。

第一，准确理解每项改革举措的指向和内涵。《决定》的各项改革举措，都源于实践、奔着问题去，是经过广泛听取意见、深入调查研究提出的，有明确的指向和要求。有的改革举措虽然就一句话，但论证过程很不简单，权衡利弊、统一认识做了大量工作。改革举措要落实好，必先理解好，理解偏颇、误解误读就会落实走样。首先，应当站在推进中国式现代化的战略全局高度，正确认识进一步全面深化改革的谋篇布局，深入领会党中央的深谋远虑，深刻理解各项改革举措的来龙去脉，弄清楚其在整体改革中承担什么角色、发挥什么作用、要达到什么目的，把握每项改革举措的背景和定位，做到知其然

又知其所以然。其次，应当从各领域改革进展和进一步深化改革需要解决的突出矛盾入手，搞清楚每项改革举措针对的是什么问题，创新的基点、关键点在哪里，内容边界、与其他相关改革举措的关联在哪里，明确改革靶向，这样才能有的放矢、精准发力、不偏不倚抓好改革落实。

第二，结合实际科学制定改革任务书、时间表、优先序。《决定》部署的改革任务，有综合性的也有专项性的，有全国性的也有区域性的，有紧迫性的也有战略性的，有规定性的也有探索性的，有难度特别大的也有难度相对小一些的，抓落实需要分清轻重缓急，善于“十个指头弹钢琴”，通过制定改革任务书、时间表、优先序，把《决定》的“大写意”转化为“工笔画”“施工图”。就中央层面来说，中央全面深化改革委员会将对重大改革进行统筹部署，加强对地方和部门实施改革的指导督促。就各地区各部门来说，应当牢固树立全国一盘棋思想，全面把握党中央和习近平总书记对本地区本领域发展的战略定位和指示要求，根据《决定》精神对自身承担的改革任务进行系统梳理，结合实际制定改革实施方案，既加强政策措施衔接，又创造性开展工作。在任务书上，对中央改革方案中路径明确的规定动作，应当不折不扣做全做实；对中央改革方案中的原则性要求，应当因地制宜细化实化；对中央改革方案中没有明确规定但自身有迫切需要的改革空白点，可以有序试点、积极探索。在时间表上，应当按照到2029年新中国成立80周年完成本轮改革任务的总要求，根据轻重缓急确定各项改革任务的起止时限，一个节点一个节点推进，跑表计时，到点验收。在优先序上，是先易后难、循序渐进，还是抓大带小、纲举目张，应当依具体情况而定，不必强求一律。根据需要，可以优先从最急迫的事项改起，从老百姓最期盼的领域改起，从社会各界最能够达成共识的环节改起；也可以集中优势兵力，优先落实牵一发而动全身、落一子而满盘活的重要改革举措。制定改革任务书、时间表、优先序，应当发扬民主、广纳善言，让改革方案和举措尽可能周全、科学，能最大限度凝聚改革共识、激发改革活力，确保改革经得起实践、人民、历史的检验。

第三，明确各项改革实施主体和责任。抓好改革落实，关键在于抓好改革责任落实。根据《决定》精神，党中央领导改革的总体设计、统筹协调、整体推进；各级党委（党组）负责落实党中央决策部署，谋划推进本地区本部门改革，鼓励结合实际开拓创新，创造可复制、可推广的新鲜经验。具体到一个地方、一个部门，落实各项改革举措总是有牵头单位、参与单位、责任事项、责任人，这要逐一厘清，做到事责对应、各就其位。牵头单位应当对牵头的改革举措主动制定实施方案，精心组织、全程负责、一抓到底，不能推诿责任。参与单位应当积极参与、主动配合，帮助出点子、谋实招，认真抓好分工事项的落实，不能敷衍应付。责任事项应当清晰完整，便于操作和检查，不能模糊不清。责任人应当勇于担当、亲力亲为，整合好资源力量，把握好进度质量，反馈好重要信息，总结好经验做法，不能当甩手掌柜。跨领域跨部门、某一单位难以牵头落实的改革举措，应当由党委、政府直接组织实施，“一竿子插到底”、抓深抓透，防止出现“九龙治水”现象。需要上下联动、左右协同、条块结合实施的改革举措，应当由上级党委明确牵头单位，建立统一指挥、统筹协调、高效联动的工作机制，保证政策取向一致、实施过程合力、改革成效互促。改革是全党的事。广大党员干部特别是各级领导干部应当以实际行动支持、参与、推动改革，做改革的促进派、实干家，不当改革的旁观者、空谈家。党政主要负责同志应当率先垂范，重要改革亲自部署，重大方案亲自把关，关键环节亲自协调，棘手问题亲自解决。广大基层党组织应当成为组织实施改革的坚强战斗堡垒。

第四，完善改革督察和评价制度。督察和评价，都是抓好改革落实的重要手段。经过这些年探索，改革督察和评价都建立了工作制度、探索了有效经验，应当在坚持中不断完善。改革督察，重在抓住要害和拓展深度。改革推进到哪里，督察就跟进到哪里。重点瞄准对经济社会发展影响大、改革落实难度大、与人民群众切身利益关系大的问题，既开展专项督察又开展全面督察、综合督察，在督任务、督进度、督成效的同时察认识、察责任、察作风，在发现问题、解决问题上下功夫。改革评价，重在把握标准。评价内容和指标的设计，聚焦实绩实效和人民群众满意度，重点看是否不折不扣贯彻党中央决策部署，是否有力促进经济社会发展，是否给人民群众带来实实在在的获得感。根据不同地区和领域的特点，可以对改革情况进行差异化考核评价。改革是“国之大者”，《决定》提出把重大改革落实情况纳入监督检查和巡视巡察内容，目的是从政治监督的角度检视改革责任单位和责任人执行党中央改革决策部署的情况，对失责行为进行问责，这很有必要，应当认真落实。

第五，持续用力、久久为功推进改革落实。进一步全面深化改革绝非一蹴而就、一日之功，不能指望毕其功于一役。抓好改革落实，应当深刻认识改革的复杂性、艰巨性，坚持正确方向，增强前进定力，不畏浮云遮望眼，不因困难而退缩。应当拿出抓铁有痕、踏石留印的劲头，敢字当头、不怕艰难，勇往直前、直捣黄龙，不达目的不罢休。

应当发扬钉钉子精神，紧盯目标、心无旁骛，锲而不舍、坚韧不拔，一锤一锤敲，积小胜为大胜。应当追求“功成不必在我、功成必定有我”的境界，一茬接着一茬干，一张蓝图绘到底。抓改革也是一门学问，有自身的规律。应当引导党员干部在改革中学习改革、实施改革、驾驭改革，同时正确对待改革中的失误，保护敢闯敢试的积极性。

注重防止和纠正抓改革落实中的不良现象

抓好改革落实，需要立规则规范、工作标准，也需要开负面清单，防止和纠正不良现象。这些年，在以习近平同志为核心的党中央坚强领导下，各级党委结合整治形式主义、官僚主义，发现和纠正了一些抓改革落实中的不良现象，对推动改革事业持续健康发展起到了重要作用。据有关方面分析梳理，这些不良现象主要有：

消极畏难。缺乏斗争意志、担当精神，害怕得罪人，不敢也不愿触碰深层次矛盾，对吹糠见米的改革抢着做、浓墨重彩，对动真格、难度大的改革绕道走、轻描淡写。

无的放矢。改革措施与发展目标错位，与解决矛盾问题脱节，甚至把改革本身当目的，为改革而改革。看似想了不少招，使了很大劲，结果空耗资源、无功劳碌，甚至南辕北辙。

贪图虚功。热衷于喊口号、造声势、摆花架，盲目追求改革举措、方案、文件的数量，把说的当做了，把做了当做成了，没有多少实绩就大肆宣传、到处邀功。忽视群众感受，盲目跟风做大，抓改革不计成本、难以为继，甚至留下乱摊子、埋下新隐患。

本位主义。胸无大局，只考虑本地区本部门利益，对改革任务搞选择性落实，甚至不惜损害全局利益制定和执行自己的“土政策”，导致改革变形走样，把好经念歪。

简单草率。不管条件急于求成，将长期目标短期化实施，把“持久战”打成“突击战”，结果欲速不达。对整体任务简单分解，硬下指标，搞“一刀切”、“一哄而上”，导致打乱仗。

推诿扯皮。逃避责任，上推下卸，一有问题就“甩锅”。本是“改革执行者”，却变身为“改革监督者”。潇洒只能是自己的，麻烦永远是别人的。推诿扯皮的结果是相互掣肘或无人负责，导致改革停滞甚至倒退。

虎头蛇尾。落实改革任务开始劲头十足，不到两个回合就偃旗息鼓，搞成“半拉子工程”。抓一阵子松一阵子，热一阵子冷一阵子，将改革做成“夹生饭”。忽视改革“最后一公里”，导致工作前功尽弃。

这些不良现象，虽然只是在一些地方和部门个别存在，但直接影响改革成效，挫伤干部群众的改革积极性，甚至败坏党风政风，必须高度重视，在进一步全面深化改革中坚决防止和纠正。应当针对这些不良现象产生的症结，从增强党性、改进作风、提高能力入手，加强对党员干部的教育引导，同时健全抓改革落实机制，用好改革指挥棒，及时奖优罚劣、纠正偏差。特别是各级领导干部应当树立正确政绩观，顾全大局、实事求是，雷厉风行抓改革，一身正气抓改革，求真务实抓改革，持之以恒抓改革，坚决不搞形式主义、官僚主义，坚决不搞那些让人民群众反感生怨的“外围改革”“表皮改革”“文件改革”“甩锅改革”“半拉子改革”“劳民伤财改革”。如是，进一步全面深化改革必将大成，推进中国式现代化必将大成。

（《人民日报》2024 年 9 月 6 日第 13 版）

党的纪律和干事创业是内在统一的

葛亮亮　王云松　殷烁

“党的纪律既有教育约束功能，又有保障激励作用。党的纪律和干事创业是内在统一的。”近日，习近平总书记在中共中央政治局召开的民主生活会上对党的纪律和干事创业的内在统一关系作出深刻阐释。1月6日，习近平总书记在二十届中央纪委四次全会上强调：“加强党的纪律建设是一项经常性工作，要引导党员、干部把他律转化为自律，内化为日用而不觉的言行准则”“把从严管理监督和鼓励担当作为统一起来，使干部在遵规守纪中改革创新、干事创业”。

习近平总书记关于“党的纪律和干事创业是内在统一的”这一新的重大论断，是对党的百余年奋斗历史的深刻总结，是对马克思主义纪律观的创新发展，是对正确理解、科学认识遵规守纪和干事创业关系的生动诠释，为广大党员干部永葆共产党人政治本色，投身以中国式现代化全面推进强国建设、民族复兴伟业新征程，不断创造无愧于党、无愧于人民、无愧于时代的业绩，提供了坚强思想保证、强大精神力量和科学理论指引。

党的纪律和干事创业内在统一于党的性质宗旨、初心使命，具体统一于中国式现代化伟大实践

中国共产党是有着高度使命意识的马克思主义政党，自成立之日起就义无反顾肩负起为中国人民谋幸福、为中华民族谋复兴的初心和使命，并为之顽强奋斗、勇毅拼搏。习近平总书记指出："党除了人民利益之外没有自己的特殊利益，党的一切工作都是为了实现好、维护好、发展好最广大人民根本利益"。百余年来，我们党带领全国各族人民干事创业、攻克难关、创造奇迹、谱写史诗，都是为了坚持性质宗旨、践行初心使命。

我们党成立伊始，就把严明的纪律写在自己的旗帜上，这也缘于党的性质宗旨、初心使命，因为要担负实现民族独立、人民解放的历史重任，如果没有铁的纪律，就不可能战胜强大的敌人。1920 年，蔡和森致信毛泽东同志，阐述对组织共产党等问题的意见时就提出："党的纪律为铁的纪律，必如此才能养成少数极觉悟极有组织的份子，适应战争时代及担负偌大的改造事业。"毛泽东同志在回信中表示："你这一封信见地极当，我没有一个字不赞成。"党的一大通过的中国共产党第一个纲领，虽然只有 15 条，但涉及纪律规定的至少有 6 条。纵观党的百余年历史，党在每个历史时期都高度重视纪律建设，并根据当时的形势、任务科学安排纪律教育内容。在这一过程中，一方面，党的纪律为党践行初心使命、推进事业发展提供了支撑和保障，确保了革命、建设与改革事业从一个胜利走向又一个胜利；另一方面，党干事创业的实践促使党的纪律不断回应重大问题、适应新形势，推动

党的纪律体系不断完善和发展。

新时代新征程，党的性质宗旨、初心使命集中体现在以中国式现代化全面推进强国建设、民族复兴伟业上。习近平总书记反复告诫全党："办好中国的事情，关键在党、关键在全面从严治党。""党要管党、从严治党，靠什么管，凭什么治？就要靠严明纪律。"党的纪律和干事创业内在统一于中国式现代化伟大实践。加强党的纪律建设，是实现强国建设、民族复兴伟业的重要保障；领导 14 亿多中国人民实现中国式现代化这项世所罕见的艰巨事业，对加强党的纪律建设也提出了更高要求。在以中国式现代化全面推进强国建设、民族复兴伟业的关键时期，唯有进一步严明纪律规矩，确保全党坚定拥护"两个确立"、坚决做到"两个维护"，自觉同以习近平同志为核心的党中央保持高度一致，统一思想、统一行动，知行知止、令行禁止，才能形成推进中国式现代化的强大动力和合力。

2024 年以来，面对国内外形势带来的挑战，以习近平同志为核心的党中央团结带领全党全国各族人民，沉着应变、综合施策，顺利完成经济社会发展主要目标任务，中国式现代化迈出新的坚实步伐。这一成绩的取得，离不开以习近平同志为核心的党中央的坚强领导。在欢欣鼓舞的同时，我们要清醒认识到，在新征程上，我们党面临形势环境的复杂性和严峻性、肩负任务的繁重性和艰巨性世所罕见、史所罕见。目前，同推进中国式现代化的伟大社会革命相比，我们党的自身建设还存在一些不匹配、不适应的地方。例如，党风廉政上的一些问题具有反复性和顽固性，稍不注意就会有反弹回潮的可能；滋生腐败的土壤和条件仍然存在，反腐败斗争还面临不少顽固性、多发性问题；一些党员干部对党规党纪不上心、不了解、不掌握等问题在党纪学习教育前还不同程度存在。为此，我们党 2024 年在全党开展党纪学习教育，推动各级党组织和领导班子从严抓好党的纪律建设，推动广大党员干部自觉做到忠诚干净担当。只有坚定不移全面从严治党，切实把纪律和规矩挺起来、立起来、严起来，使我们党不断去杂质、强免疫、壮筋骨，才能确保党始终成为中国特色社会主义事业的坚强领导核心，成为中国式现代化的坚强领导力量，从而做到有力有效应对各类风险挑战，坚定不移走好“新的赶考之路”。

“党的纪律和干事创业是内在统一的”这一新的重大论断蕴含深刻的历史逻辑、理论逻辑、实践逻辑，彰显鲜明的科学性、真理性、实践性、指导性

“党的纪律和干事创业是内在统一的”这一新的重大论断，立足我们党百余年来波澜壮阔的奋斗历程，聚焦新时代全面从严治党的伟大实践，科学提炼、深刻总结党的纪律建设的成功经验，蕴含深刻的历史逻辑、理论逻辑、实践逻辑，彰显鲜明的科学性、真理性、实践性、指导性，闪耀着马克思主义的真理光芒。

从历史逻辑看，用铁的纪律教育、约束、保障、激励党员干部，是贯穿党的历史的一条红线，也是党的事业不断胜利发展的重要保证。100 多年来，我们党之所以能够经受各种风险考验，战胜各种困难挑战，一个关键原因就是始终高度重视纪律建设，保持了高度的凝聚力和战斗力。历史和实践充分证明，什么时候党的纪律严明，党的事业就会蓬勃发展；什么时候党的纪律松弛，党的事业就会遭受挫折。

我们党一经成立，就以严格的纪律立党，党的一大通过的纲领虽

然没有使用纪律的概念，但包含了政治纪律、组织纪律、保密纪律等相关内容。党的二大通过的第一部党章设立“纪律”专章，对党的纪律作了规定。党的五大首次将严守纪律提到党员义务层面，首次明确提出“政治纪律”的概念，并设立党的历史上第一个中央纪律检查监督机构——中央监察委员会。从井冈山时期的“三大纪律八项注意”，到延安时期的“纪律是执行路线的保证”；从解放战争胜利前夕的“加强纪律性，革命无不胜”，到党中央“进京赶考”前的“两个务必”“六条规定”；从新中国成立后的严肃查处刘青山、张子善贪污案，到改革开放后的全面整党、整肃党的纪律……特别是党的十八大以来，以习近平同志为核心的党中央以解决大党独有难题的清醒和坚定，把纪律建设摆在更加突出的位置，不断把全面从严治党的丰富理论和实践成果上升为制度规范、转化为纪律要求，实现党的纪律建设与时俱进，为推动党和国家事业取得历史性成就、发生历史性变革提供了有力纪律保障。100多年来，我们党之所以能够发展壮大、不断从胜利走向新的胜利，一个十分重要的方面，就在于始终把加强纪律建设作为推动事业发展的重要保证。正如美国记者埃德加·斯诺在《红星照耀中国》中所感叹的，“共产党所采用的方法和组织都讲严格的纪律”，这种团结一致“如果不能说明他们的胜利的话，在很大程度上说明了共产党人为什么能够免遭消灭”——正是铁的纪律，为在不同阶段党的路线方针政策得到贯彻落实打下了坚实根基，为我们党始终赢得人民群众爱戴和拥护、团结带领人民不断从胜利走向胜利提供了坚强保障。

从理论逻辑看，纪律严明是马克思主义政党的本质属性和内在要求，进行人类历史上最广泛、最彻底、最深刻的社会变革需要纪律的保障。干事创业需要发动组织的力量、集体的力量，严明的纪律能将组织中的每个成员凝聚起来，形成和保持高度的团结统一，产生创造力、向心力和战斗力。“千人同心则得千人力，万人异心则无一人之用。”历史和现实告诉我们，任何一个先进政党，都应当具有科学、系统、权威的纪律；一个纪律松弛、组织涣散的政党决不是先进政党。

组织严密、纪律严明是马克思主义政党区别于其他政党的鲜明特征。马克思、恩格斯在创建马克思主义政党的实践中高度重视党的纪律问题。马克思在写给恩格斯的信中强调：“我们现在必须绝对保持党的纪律，否则将一事无成。”恩格斯认为：“没有任何党的纪律，没有任何力量在一点的集中，没有任何斗争的武器！那末未来社会的原型会变成什么呢？”列宁从一开始就把健全组织体系、严格党的纪律与促进党的团结统一、赢得和巩固政权联系在一起，认为“如果我们党没有极严格的真正铁的纪律”，“那么布尔什维克别说把政权保持两年半，就是两个半月也保持不住。”

历史上多次革命实践的失败也验证了马克思主义经典作家对纪律重要性的判断。1926 年，毛泽东同志在《纪念巴黎公社的重要意义》一文中分析，巴黎公社失败的第一个主要原因是，“没有一个统一的集中的有纪律的党作指挥——我们欲革命成功，必须势力集中行动一致，所以有赖于一个有组织有纪律的党来发号施令。”因为没有一个统一的政党，巴黎公社内部意见分歧，势力分散，给了敌人可乘之机。清末革命党人在辛亥革命后的分崩离析也说明了纪律对于一个政党及其事业的重要性。革命党人成员复杂、组织松散，没有形成一个由有着共同理想和严格纪律约束而组成的坚强核心力量，即便当时最大的革命党同盟会也缺乏严明的纪律。辛亥革命一开始，在同盟会中一贯闹派别纠纷的章太炎就发声："革命军起，革命党消，天下为公，乃克有济。"此言一出，加深了同盟会内部的矛盾。后来孙中山多次批评道："革命党的失败，都是在这句话上面，这是我们大家不可不彻底觉悟的"。

当代中国正经历着我国历史上最为广泛而深刻的社会变革，也正进行着人类历史上最为宏大而独特的实践创新。这种前无古人的伟大实践，需要党坚强有力的领导。只有严明的纪律，才能确保全党团结成"一块坚硬的钢铁"，才能确保我们党领导的伟大社会革命无往而不胜。

从实践逻辑看，以中国式现代化全面推进强国建设、民族复兴伟业，需要全党在纪律的约束和激励下自觉同以习近平同志为核心的党中央保持高度一致，统一思想、统一行动，知行知止、令行禁止，形成强大合力。党的十八大以来，以习近平同志为核心的党中央坚定不移全面从严治党，党的纪律规矩鲜明地立起来、严起来，有腐必反、有贪必肃，不断纯洁干部队伍，从根本上扭转了管党治党宽松软状况。正是因为新时代的革命性锻造，我们党才能有强大凝聚力和战斗力，才能引领中国号巨轮向着实现中华民族伟大复兴的目标劈波斩浪、行稳致远。

当前，我国正处于以中国式现代化全面推进强国建设、民族复兴伟业的关键时期。面对长期存在的"四大考验"和"四种危险"，如果没有铁的纪律，党的团结统一就无法保证，党的凝聚力和战斗力就会大大削弱。习近平总书记指出："党面临的形势越复杂、肩负的任务越艰巨，就越要加强纪律建设，越要维护党的团结统一，确保全党统一意志、统一行动、步调一致前进。"我们党作为世界上最大的马克思主义执政党，既有办大事、建伟业的巨大优势，也客观存在着大党独有难题。加强纪律建设是全面从严治党的治本之策，只有依靠铁的纪律，才能维护党的形象，才能巩固红色江山，才能赢得确保党不变质、不变色、不变味的历史主动，才能赢得党团结带领全体人民为强国建设、民族复兴伟业共同奋斗的历史主动。

进一步强化严的基调、严的措施、严的氛围

习近平总书记深刻指出："当前反腐败斗争形势仍然严峻复杂。腐败存量尚未清除，增量还在持续发生，铲除腐败滋生土壤和条件任务仍然艰巨繁重。"2024 年，中央纪委国家监委网站发布了 58 名中管干部接受审查调查的消息；2024 年，中央纪委国家监委瞄准教育、就业、医疗等民生领域的痛点难点开展集中整治，直接查办督办群众身边腐败案件 2633 起；2024 年 1 至 11 月，"天网 2024"行动共追回外逃人员 1306 人，追回赃款 154.44 亿元……这是党的十八大以来，以习近平同志为核心的党中央以刀刃向内的勇气向党内顽瘴痼疾开刀，以雷霆万钧之势推进全面从严治党的生动缩影、重要成果。从打虎"无禁区"，到拍蝇"零容忍"，再到猎狐"撒天网"，一系列全面从严治党的组合拳释放出反腐败斗争始终保持高压态势的强烈信号，形成不敢腐、不能腐、不想腐的强大震慑。

党的纪律为正确行使权力、防止以权谋私划出了底线、设置了禁区，是党员干部保持清正廉洁的安全防护栏。正所谓"无规矩不成方圆，有敬畏才知行止"。我们党作为世界上最大的马克思主义执政党，之所以能够始终成为时代先锋、民族脊梁，始终得到人民群众的拥护

和支持，始终保持旺盛生命力和强大战斗力，一个根本原因就是我们党始终坚持用改革精神和严的标准管党治党。党的纪律是我们党在长期的革命、建设、改革实践中随着党的事业发展形成的，体现出党的初心使命、根本宗旨、优良作风。党的十八大以来全面从严治党的实践充分表明，只有切实加强党的纪律建设，使广大党员干部真正学纪、知纪、明纪、守纪，才能从根本上解决党的观念淡漠、组织涣散和领导弱化问题，使党的领导真正全面加强。

“严守党的纪律”是入党誓词的重要内容，每一名党员都应该铭记在心。广大党员干部只有学习纪律、知晓纪律，才能厘清各项纪律的内在关系、把握内涵实质、明确标准规范，不断检视、剖析、反思自己，去杂质、除病毒、防污染，把道德防线、纪律红线、责任界线搞清楚，加强自我约束、提高免疫能力。只有敬畏纪律、遵守纪律，才能抵御腐蚀、百毒难侵，不断增强政治定力、纪律定力、道德定力、抵腐定力，始终做到忠诚干净担当，永葆政治本色。

“宜将剩勇追穷寇，不可沽名学霸王。”在全面从严治党的道路上，我们越过了一个个“娄山关”“腊子口”，全面从严治党取得历史性成就，但同时，我们要清醒地看到，全面从严治党还远未到大功告成的时候。在党长期执政条件下，各种弱化党的先进性、损害党的纯洁性的因素无时不有，各种违背初心和使命、动摇党的根基的危险无处不在，党内存在的思想不纯、政治不纯、组织不纯、作风不纯等突出问题尚未得到根本解决，反弹回潮的可能始终存在，稍有松懈就会死灰复燃，新的问题还在不断出现。党面临的执政考验、改革开放考验、市场经济考验、外部环境考验是长期的、复杂的，面临的精神懈怠危险、能力不足危险、脱离群众危险、消极腐败危险是尖锐的、严峻的。

我们党历经百年、成就辉煌，千万不能在一片喝彩声中迷失自我，决不能滋生已经严到位的厌倦情绪，不能有差不多了该松口气、歇歇脚的想法，不能有打好一仗就一劳永逸的想法，不能有初见成效就见好就收的想法，要始终保持思想上的冷静清醒、增强行动上的勇毅执着，坚持严的主基调，全面从严、一严到底。

2023 年 1 月，习近平总书记在二十届中央纪委二次全会上用“如何始终不忘初心、牢记使命”“如何始终统一思想、统一意志、统一行动”“如何始终具备强大的执政能力和领导水平”“如何始终保持干事创业精神状态”“如何始终能够及时发现和解决自身存在的问题”“如何始终保持风清气正的政治生态”等“六个如何始终”概括了中国共产党必须解决的独有难题。解决好这些难题，不是靠棍棒，不是靠刀枪，而是靠纪律，靠的是党要管党、全面从严治党。“事辍者无功，耕怠者无获。”解决大党独有难题是一个长期而艰巨的过程，必须进一步强化严的基调、严的措施、严的氛围，并以愚公移山的恒心、滴水穿石的韧劲，持之以恒坚持下去，确保党永远不变质、不变色、不变味。

进一步激发广大党员干部担当作为、干事创业的内生动力

习近平总书记强调：“遵规守纪，就会拥有干事创业的充分自由和广阔空间。”这深刻阐明了党的纪律之于干事创业的重要意义。在现实中，个别党员干部认为纪律规矩是条条框框，影响自由施展，担心“洗碗越多，摔碗越多”，担心因干事出错而受到党纪处分，从而懒政怠政、不担当不作为……这是对党的纪律的误读。事实雄辩地证明，

遵规守纪和放手干事从来不是“单选题”。面对前进道路上如疾风骤雨甚至惊涛骇浪般的挑战，我们依然要靠严明的纪律，激发党员干部干净干事、大胆干事的内生动力，为其履职尽责保驾护航。

严守党的纪律，有助于党员干部坚定理想信念，强化宗旨意识，保持政治本色。干事创业，必须有一支政治过硬、适应新时代要求、具备领导现代化建设能力的干部队伍。中国共产党只有确保不变质、不变色、不变味，才能始终成为中国人民的主心骨和中国特色社会主义事业的坚强领导核心。马克思主义政党的先进性和纯洁性不是随着时间推移而自然保持下去的，共产党员的党性不是随着党龄增长或职务提升而自然提高的。对共产党人来讲，动摇了信仰，背离了党性，丢掉了宗旨，就可能在“围猎”中被人捕获。如何坚定信仰、坚守党性、强化宗旨？纪律是很好的“清醒剂”。党员干部严格遵守党的纪律，就能正确处理自律和他律、治身和治心、信任和监督、原则和感情、高标准和守底线的关系，把遵规守纪刻印在心，内化为日用而不觉的言行准则，以党规党纪检视自己的理想信念和思想言行，不断掸去思想上的灰尘，永葆政治本色，强体魄于伟大的自我革命，开新局于伟大的社会革命。

严守党的纪律，有助于党员干部提高规矩意识、廉洁自律意识，树立正确权力观、政绩观、事业观。我们党历来强调纪律的自觉性，习近平总书记要求全党“养成纪律自觉”“真正把纪律规矩转化为政治自觉、思想自觉、行动自觉”。党纪具有教育、约束、保障、激励的功能，党员干部只有深刻认识到纪律的重要性，强化自身纪律观念，对纪律葆有敬畏意识，才会明白什么是可以做的，什么是不能做的，从而在行动上实现自律。党的纪律规范着党组织和全体党员的行为，为正确行使权力、防止以权谋私划出了底线、设置了禁区。形象地说，党的纪律犹如道路上的红绿灯、标志线，让行人、车辆明白何时行、何时止，哪儿可以走，哪儿不能去，看似造成了限制，实则是促进了道路交通环境更加安全畅通。相反，倘若党员干部无视这样的警示，将党的纪律视为束缚甚至“眼中钉”，该止步的地方不止步，就会如同失控的汽车，偏离方向、横冲直撞，最终酿成大祸。从这个角度而言，纪律不是束缚干事创业的“绑带”，而是“安全带”，是党员干部抵御诱惑、防止被“围猎”的屏障，是更好干事创业的保证。

严守党的纪律，有助于党员干部严肃工作作风，推动形成风清气正的政治生态。纪严则清正，清正则心齐，心齐则事成。不断加强党的纪律建设，锤炼党性、净化党风，才能实现政治清明、社会清朗，也才能获得人民群众的拥护和支持。反之，如果没有严明的纪律，党员干部工作作风不严肃、党风不纯，人心向背可想而知。现实中，一些干部出问题，往往是从不守纪律、破坏规矩开始的；一些地方政治生态出问题，也往往是纲纪不彰、法度松弛导致的。因而，把纪律这一“明规则”挺在前面，“潜规则”在党内以及社会上自然就会失去土壤、失去通道、失去市场。如此，带来的是山清水秀的政治生态、是干事创业的良好环境，随之形成的是正气充盈的大气候、是积极健康的政治文化，进而滋养人心、涵养生态。在实践中，多地把从严管理监督和鼓励担当作为统一起来，浙江常态化开展澄清正名和查处诬告陷害工作，被澄清正名的干部里有多人得到提拔重用；在涉煤腐败“倒查 20 年”的内蒙古，2023 年 GDP 增速创 2010 年以来最好位次……实践充分证明，唯有常念“紧箍咒”，用好“护身符”，方能拥有干事创业的充分自由和广阔空间。

把“党的纪律和干事创业是内在统一的”这一新的重大论断切实转化为推动形成锐意进取、奋勇争先的生动局面

习近平总书记强调：“引导推动党员、干部在遵规守纪前提下，勤奋工作、放手干事、锐意进取、积极作为。”在推进中国式现代化进程中，要把“党的纪律和干事创业是内在统一的”这一新的重大论断落到实处，明方向、立规矩，强信心、鼓干劲，引导党员干部真正做到理想信念坚如磐石，对党赤胆忠诚，为党和人民事业忘我奉献，推动形成锐意进取、奋勇争先的生动局面。

坚持教育引导优先，把教育成果转化为干事创业的强大动力。党的纪律教育只有进行时、没有完成时，必须常态长效推进学纪、知纪、明纪、守纪，使纪律教育贯穿干部成长全周期、融入组织管理全过程，更好发挥纪律教育治本功效，让“自觉的纪律”成为党员干部干事创业的坚定行动。党的二十届三中全会《决定》对“建立经常性和集中性相结合的纪律教育机制”作出部署，党员干部要深学细悟习近平总书记关于全面加强党的纪律建设的重要论述，认真贯彻落实党中央《关于推进党纪学习教育常态化长效化的意见》，切实解决对党规党纪不上心、不了解、不掌握的问题。典型是最鲜活的教科书，要注重正面教育与反面警示相结合，创新教育方式，真正让党员干部在受警醒、明底线、知敬畏中知行知止、能为善为。推进政治监督具体化、精准化、常态化，积极引导党员干部正确对待监督、自觉接受监督，经常对照党章党规党纪检身正己，在纪律的“安全区”内立身干事，切实把监督压力转化为干事创业动力。

坚持激励约束并重，在严管厚爱中干事创业。习近平总书记指出："全面从严治党的目的不是要把人管死，让人瞻前顾后、畏首畏尾，搞成暮气沉沉、无所作为的一潭死水"。纪律是管党治党的"戒尺"，也是干事创业的"鼓槌"，必须坚持严管厚爱结合、激励约束并重，使干部既管得住手脚，又放得开手脚。要以精准处置立规明向，认真落实《纪检监察机关准确运用"四种形态"实施办法（试行）》，统筹把握事实证据、纪法标准、思想态度等情形，做到宽严相济、区别处理，确保公平公正、干部服气。落实好"三个区分开来"，科学看待党员干部在干事创业中的失误错误，明辨是"为公"还是"为私"，分清是"无心"还是"有意"，既做到大胆容错、果断纠错，又防止保护变庇护、宽容变纵容，精准做到为担当者担当、为负责者负责、为干事者撑腰。惩治诬告陷害行为，对干事创业的党员干部来说，是最大的保护和激励。党的二十届三中全会《决定》对"加强诬告行为治理"作出部署。要及时为受到诬告的党员干部澄清正名，彰显我们党激浊扬清的治理决心，让党员干部更有底气处理复杂矛盾、触及深层利益，更有动力积极作为、攻坚破题。

坚持严的基调、严的措施、严的氛围，在把握好"纪"与"责"的关系中干事创业。遵守党的纪律是无条件的，要说到做到，有纪必执，有违必查，不能把纪律作为一个软约束或者是束之高阁的一纸空文。促进党员干部既遵规守纪又干事创业，必须坚持挺纪在前、以严促行。当然，从严执纪不是"终点站"。对受处分的党员干部，不能一"处"了之，也不能"一棍子打死"，而要通过鼓励关心、激励教育，使他们真正认错悔过、重燃干事热情。同时要加强跟踪回访结果运用，对彻底改正错误、工作表现突出的干部，支持组织部门大胆用起来，使干部满怀对组织的感恩之情，积极投身改革发展事业。新征程上，使命任务越艰巨，风险挑战越严峻，越需要党员干部知责于心、担责于身、履责于行。要准确把握“纪”与“责”的关系，通过强有力的执纪问责，推动构建主体明确、要求清晰的责任体系，促进党员干部把干净和担当、勤政和廉政统一起来。要督促党员干部尤其是“关键少数”带头树立和践行正确政绩观，严肃查处不担当不用力、不作为乱作为等问题，推动党员干部把该挑的担子挑起来、该扛的责任扛起来，在锐意进取、积极作为中不断开辟党和国家事业新天地。

行至半山不停步，船到中流更奋楫。行进在强国建设、民族复兴的关键一程，每一名党员干部都要在以习近平同志为核心的党中央坚强领导下，深刻领悟“两个确立”的决定性意义，增强“四个意识”、坚定“四个自信”、做到“两个维护”，自觉肩负起时代赋予的职责和使命，清醒认识到党的纪律对我们党和国家事业发展的重要作用，学纪、知纪、明纪、守纪，争做遵规守纪、干事创业的模范，汇聚起勠力同心、笃行不怠的强大合力，乘风破浪、勇往直前，为以中国式现代化全面推进强国建设、民族复兴伟业做示范、作表率！

（《人民日报》2025 年 1 月 7 日第 9 版）

以彻底的自我革命精神将作风建设持续引向深入

吴付来

党的作风建设是全面从严治党的重要组成部分，是党的自我革命中具有引领意义和内生作用的关键环节。1月6日，习近平总书记在二十届中央纪委四次全会上发表重要讲话强调："进入新时代，面对党内党风廉政建设和反腐败斗争的突出问题，我们坚持有腐必反、有贪必肃，不断纯洁干部队伍，维护了党的形象，巩固了红色江山，赢得了确保党不变质、不变色、不变味的历史主动，赢得了党团结带领全体人民为强国建设、民族复兴伟业共同奋斗的历史主动。"党的十八大以来，以习近平同志为核心的党中央深入推进全面从严治党，以彻底的自我革命精神将作风建设持续引向深入，为建设长期执政、朝气蓬勃的马克思主义政党提供了理论根基与实践经验。我们必须从理论内涵、历史经验、伟大成就、实践举措等方面深刻把握党的作风建设的内在蕴涵，不断将全面从严治党引向深入。

作风建设是马克思主义政党一以贯之的政治自觉

党的作风是党的性质和宗旨在实践活动中的具体体现，优良的作风和严明的纪律是马克思主义政党的鲜明特征。习近平总书记指出："对我们共产党人来讲，能不能解决好作风问题，是衡量对马克思主义信仰、对社会主义和共产主义信念、对党和人民忠诚的一把十分重要的尺子。"作风建设，就是在党的作风上开展自我革命，彰显了中国共产党作为马克思主义政党的政治自觉。

永葆党的性质的必然要求。马克思、恩格斯在《共产党宣言》中指出："在实践方面，共产党人是各国工人政党中最坚决的、始终起推动作用的部分；在理论方面，他们胜过其余无产阶级群众的地方在于他们了解无产阶级运动的条件、进程和一般结果。"马克思主义政党的先进性和纯洁性决定了共产党人必须始终坚持和发扬优良作风，将作风建设放在突出位置。一方面，党的先进性和纯洁性是党的作风的价值基础，只有一个具有先进性和纯洁性，并且没有自身特殊利益的无产阶级政党，才具有进行作风建设的必要性和可能性；另一方面，党的作风是先进性和纯洁性的外在表征，先进性和纯洁性是内蕴在党自身中的重要特质，必须时刻通过党的作风具体呈现。先进性和纯洁性建设不是一蹴而就的，也不是一劳永逸的。这些都决定了共产党人只有坚持推进作风建设，才能始终在历史变迁中保持奋进姿态、在乱云飞渡中保持从容定力。

提高党执政效能的重要环节。治国必先治党，党兴才能国强。作为世界上最大的马克思主义执政党，中国共产党是中国特色社会主义事业的坚强领导核心，党的作风直接影响到国家治理体系和治理能力现代化。国际共产主义运动的历史经验和教训表明，对于长期执政的无产阶级政党来说，消极懈怠等不良风气会影响甚至破坏党的风气和党的形象，削弱党的执政基础，弱化党的执政能力。因此，作风建设是与时俱进提高党科学执政、民主执政、依法执政水平的重要手段。良好的党内作风所形成的以党的理论和路线方针政策为指导的共识，是党团结统一、步调一致的内生动力；党的作风建设在党员干部心灵深处扎好思想的“护栏”，是党拒腐防变、自我约束的重要机制；党通过作风建设培育优良党风、涵育社会新风，使中国特色社会主义事业发展具有更加有力的保障。

巩固党的群众基础的关键保障。中国共产党始终代表最广大人民的根本利益，党的最大政治优势是密切联系群众，人民群众的支持与拥护是党在百余年奋斗中能够不断从胜利走向胜利的根本原因。习近平总书记强调：“党的作风是党的形象，是观察党群干群关系、人心向背的晴雨表。党的作风正，人民的心气顺，党和人民就能同甘共苦。”相较于党的纲领、党的政策等，党及其党员在工作生活中的作风是广大人民群众对党最直观、最真切的认识。党不仅要有科学理论指导的真理力量，也要有以党的作风建设厚植的人格力量。习近平总书记深刻指出：“我们不舒服一点、不自在一点，老百姓的舒适度就好一点、满意度就高一点，对我们的感觉就好一点。”深入推进党的作风建设，是党密切联系群众、赢得支持拥护、巩固群众基础的坚实保障，也是党推进历史伟业的深层次动能。

抓好作风建设是中国共产党百余年奋斗的经验总结

习近平总书记指出："我们党团结带领人民取得了革命、建设、改革的伟大成就，很重要的一条就是我们党在长期实践中培育并坚持了一整套光荣传统和优良作风。"党在长期实践中形成并坚持发扬一整套优良作风，有力推动党的事业不断向前发展，这是党在长期实践中取得的历史性成就，更是党百余年奋斗征程所积累的宝贵经验。

新民主主义革命时期，以毛泽东同志为主要代表的中国共产党人把马克思主义党的建设理论同中国具体实际和中华优秀传统文化相结合，探索推进了党的作风建设理论与实践。土地革命战争时期，党提出并践行了"三大纪律八项注意"。抗日战争时期，党创造性地以整风的形式，旗帜鲜明地反对主观主义、宗派主义、党八股，加强党的作风建设。在延安，党形成和发扬了优良革命传统和作风，形成了延安精神。1945 年，毛泽东同志在党的七大上指出："以马克思列宁主义的理论思想武装起来的中国共产党，在中国人民中产生了新的工作作风，这主要的就是理论和实践相结合的作风，和人民群众紧密地联系在一起的作风以及自我批评的作风。"这"三大作风"成为党的作风建设的重要内容。党的七届二中全会提出了"两个务必"，丰富了谦虚、谨慎、不骄、不躁和艰苦奋斗的作风建设新内容。社会主义革命和建设时期，党立足于执掌全国政权所提出的党的建设新任务，开展了卓有成效的整党整风运动，以更加有力的作风建设推进社会主义建设事业。改革开放和社会主义现代化建设新时期，党面对改革开放和社会主义市场经济的复杂局面，将党的作风建设摆在突出位置。

2001 年 9 月，党的十五届六中全会通过的《中共中央关于加强和改进党的作风建设的决定》指出：“党的作风建设既是一项长期而艰巨的任务，又是一项现实而紧迫的工作。”党提出作风建设“八个坚持、八个反对”的要求，开展“三讲”教育、保持共产党员先进性教育活动等。2009 年 9 月，党的十七届四中全会提出：“要大兴密切联系群众之风，大兴求真务实之风，大兴艰苦奋斗之风，大兴批评和自我批评之风，以坚强党性保证党的作风建设。”中国特色社会主义新时代，以习近平同志为核心的党中央以作风建设为突破口，全面推进党的建设新的伟大工程，开辟了党的建设新境界。

习近平总书记强调：“全党同志要把老一辈革命家和共产党人留下的光荣传统和优良作风传承好发扬好，勇于推进党的自我革命，坚定不移推进全面从严治党，始终保持党的先进性和纯洁性，确保党始终成为中国特色社会主义事业的坚强领导核心。”抓好作风建设、培育优良作风，是党在推进事业过程中管党治党的经验结晶。在一代代中国共产党人的探索努力下，党的作风建设内涵不断深化、外延不断扩展、体系不断完善。党对于建设长期执政的马克思主义政党所需要的党风、学风、文风、会风和思想作风、工作作风、领导作风、干部生活作风等各个方面作风建设要求进行了理论阐释和实践创新。在党的奋斗历程中凝结的优良作风，是新时代党的建设的宝贵财富，也是党的十八大以来以习近平同志为核心的党中央以自我革命精神全面推进党的建设新的伟大工程的历史资源和思想基础。

新时代党以自我革命精神推进作风建设的重大举措和历史性成就

作风问题核心是党同人民群众的关系问题。习近平总书记指出："新形势下，我们党面临着许多严峻挑战，党内存在着许多亟待解决的问题。尤其是一些党员干部中发生的贪污腐败、脱离群众、形式主义、官僚主义等问题，必须下大气力解决。"党的十八大以来，以习近平同志为核心的党中央高度重视作风建设，将其提升至关乎党的形象塑造、民心向背抉择以及党和国家命运兴衰的战略高度，以自我革命的政治勇气坚持不懈正风肃纪、锲而不舍纠治"四风"，取得了历史性、开创性成就，产生了全方位、深层次影响。

重塑政治生态，营造风清气正的政治环境。习近平总书记强调："改进工作作风的任务非常繁重，八项规定是一个切入口和动员令。"2012 年 12 月，中共中央政治局会议审议通过《十八届中央政治局关于改进工作作风、密切联系群众的八项规定》，这是党的十八大召开以后制定的第一部重要党内法规。以习近平同志为核心的党中央以身作则，率先垂范，严格执行八项规定，各地区各部门陆续制定相应规定、细则并严格贯彻落实中央八项规定精神，成为我们党作风建设的重要名片，也是党勇于自我革命的具体实践。每年召开的中央全会、中央纪委全会等重要会议，每年的中共中央政治局民主生活会、接续开展的党内集中教育，都把贯彻落实中央八项规定精神、加强作风建设作为重要内容。2017 年 10 月，《中共中央政治局贯彻落实中央八项规定的实施细则》对贯彻执行中央八项规定、推进作风建设进行细化完善、提出更高要求。2024 年 1 月，二十届中央纪委三次全会部署开展违规吃喝专项整治，严查“吃公函”“吃食堂”“吃老板”“吃下级”等问题。在以习近平同志为核心的党中央的坚强领导下，全党上下锲而不舍落实中央八项规定精神，作风建设不断向纵深推进，刹住了一些长期没有刹住的歪风，纠治了一些多年未除的顽瘴痼疾，以作风建设新气象赢得人民群众信任拥护。

凝聚党心民心，以优良党风引领社风民风。党风作为党组织及其成员的行为风貌，是党员世界观在日常行动中的具体体现，而社风和民风作为人们所共有的精神面貌的集合体，反映了人们在公共生活中的价值取向、行为习惯及基本道德水准。党风、政风与社风、民风紧密相连，彼此深刻影响、相互塑造。习近平总书记在二十届中央纪委二次全会上强调“以优良党风引领社风民风”，深刻阐明了党风社风民风之间的关系。从遏制“舌尖上的浪费”，到多措并举遏制“天价烟酒”，再到厉行节约、反对浪费，我们党始终践行党的群众路线，畅通群众监督和举报渠道，坚决惩治“蝇贪蚁腐”，深入整治群众身边的不正之风和腐败问题，通过反腐败和作风建设扭转党风、政风，让群众从一个个具体问题的解决中切实感受到公平正义，使人民群众成为作风建设的见证者和受益者。

健全制度体系，构建创新机制与长效机制。党的制度建设具有根本性、全局性、稳定性、长期性。习近平总书记指出：“在改进作风问题上，我们不能退，也退不得，必须保持常抓的韧劲、长抓的耐心，在坚持中见常态，向制度建设要长效。”党的十八大以来，以习近平同志为核心的党中央坚持问题导向，出台和修订了一系列党内法规制度，构建了比较完备的制度体系，包括《中国共产党纪律处分条例》

《中国共产党廉洁自律准则》《中国共产党党内监督条例》《关于新形势下党内政治生活的若干准则》等基础性法规，还包括《党政机关厉行节约反对浪费条例》《关于党政机关停止新建楼堂馆所和清理办公用房的通知》《党政机关国内公务接待管理规定》等党内规范性文件，为作风建设提供了制度保障。截至 2024 年 6 月，全党现行有效党内法规共 3936 部。党的十八大以来，新制定修订的党内法规占比超过 70%。经过长期实践探索，我们党以法治思想和法治方式抓作风建设，以作风建设长效机制持续巩固作风建设成果。

常抓不懈、久久为功，推进党的作风建设常态化长效化

作风建设是党的建设的永恒主题，关系到党的形象、威望和兴衰成败。习近平总书记强调："必须常抓不懈、久久为功，直至真正化风成俗，以优良党风引领社风民风。要继续纠治享乐主义、奢靡之风，把握作风建设地区性、行业性、阶段性特点，抓住普遍发生、反复出现的问题深化整治，推进作风建设常态化长效化。"只有始终以彻底的自我革命精神不断清除党自身的问题，持之以恒纠"四风"树新风，不断整治群众身边腐败和作风问题，大力弘扬党的光荣传统和优良作风，才能使党始终成为中国特色社会主义事业的坚强领导核心。

加强理论教育，凝聚思想共识。作风建设就是要保持党同人民群众的血肉联系，是以人民为中心的发展思想对党自身提出的要求，也是不断加强理论教育增强全体党员宗旨意识的关键。习近平总书记指出："深入开展党性党风党纪教育，传承党的光荣传统和优良作风，激发共产党员崇高理想追求，把以权谋私、贪污腐败看成是极大的耻

辱。”要深刻把握习近平总书记关于加强作风建设重要论述的核心要义，以理论学习中心组学习、谈心谈话、警示教育、专题辅导等多种形式不断推进理论学习常态化、制度化，以党的创新理论武装头脑，树牢宗旨意识，筑牢信仰之基，补足精神之钙，把稳思想之舵，从而深刻认识加强作风建设的重大意义，从思想深处提高认识，转变作风，推动党风政风不断向好，更好地坚持人民至上。以深刻的理论自觉保持自我革命永远在路上的清醒自觉，凝聚起以中国式现代化全面推进中华民族伟大复兴的磅礴伟力。

坚持以上率下，形成“头雁效应”。习近平总书记强调：“注重破立并举，抓住‘关键少数’，推动各级领导干部自觉担当领导责任和示范责任，把自己摆进去、把思想摆进去、把工作摆进去，形成‘头雁效应’。”抓住“关键少数”，坚持以上率下，是作风建设的关键所在。要推动各级党委（党组）及其“一把手”切实履行作风建设主体责任，深化运用教育提醒、明察暗访、通报曝光、监督检查、严查快处、督促整改、“回头看”等方式方法，不断督促各级领导干部切实改进工作作风，从而确保责任落实落地。坚决打赢作风建设攻坚战，不能“马列主义手电筒”只照别人。领导干部必须以身作则、带头示范，身体力行，通过实际行动引导广大党员干部转变作风，形成风清气正的良好氛围。

完善体制机制，注重标本兼治。制度是作风建设的重要保障。党的二十届三中全会《决定》提出：“坚持用改革精神和严的标准管党治党，完善党的自我革命制度规范体系”。要健全相关制度，为推进党的作风建设常态化、长效化奠定坚实制度保障，从体制机制上堵塞滋生不正之风的漏洞，以改革的办法固化作风建设成果。一方面，注重建章立制，瞄准短板、找准症结，完善规章制度，并强化制度执行，做到有章必循、违规必究；另一方面，建立经常性和集中性相结合的教育机制，把加强党性教育当作基础性工作来抓，教育引导广大党员干部传承党的光荣传统和优良作风，不越纪律底线，不踩规矩红线，做遵规守纪的明白人，以优良作风为进一步全面深化改革、推进中国式现代化保驾护航。

（《人民日报》2025 年 1 月 8 日第 9 版）

年轻干部要把对党忠诚老实落实到具体行动中

余三元

习近平总书记在2024年春季学期中央党校（国家行政学院）中青年干部培训班开班之际作出重要指示强调，要自觉做对党忠诚老实的模范践行者。2019年以来，习近平总书记先后6次出席中央党校（国家行政学院）中青年干部培训班开班式并发表重要讲话。他多次强调“锤炼对党忠诚的政治品格”，“理想信念坚定才能对党忠诚，对党忠诚是对理想信念坚定的最好诠释”。这充分体现了习近平总书记对忠诚老实这一政治品格的高度重视，对广大党员干部特别是年轻干部践行忠诚老实的殷切期望。我们必须深刻领会习近平总书记的重要指示，始终把对党忠诚老实作为健康成长的政治信条，把对党忠诚老实落实到具体行动中、一言一行上。

锤炼绝对纯洁的政治品格。我们要深刻感悟习近平新时代中国特色社会主义思想的真理光芒，始终在政治立场、政治方向、政治原则、政治道路上同以习近平同志为核心的党中央保持高度一致。从党的十八大以来党和国家事业取得历史性成就、发生历史性变革的进程中，深刻理解“两个确立”是新时代最重大政治成果、最宝贵历史经验、最客观实践结论，是战胜一切艰难险阻、应对一切不确定性的最大确定性、最大底气、最大保证，确保以正确的认识和行动做到“两个维护”。学好用好新时代党的创新理论。政治上的坚定来自理论上的清醒。坚持将习近平新时代中国特色社会主义思想作为开展工作的源头活水和逻辑起点，既注重从整体上系统把握，又分专题分领域深入领会，真正从中悟规律、明方向、学方法、增智慧，不断回答事关高质量发展的深层次思想认识问题、重大现实问题、社会热点难点问题，形成更多有分量的决策建议。始终胸怀党之大计、民之关切，善于从政治上观察和分析问题，在深入学习研究基础上准确领悟党中央的战略意图，创造性地谋划更多务实管用的思路办法、政策举措、具体任务，推动习近平总书记重要指示批示和党中央决策部署落地生根、开花结果。

坚守安身立命的精神家园。把对党忠诚刻在灵魂深处，才能志坚如磐。信仰、信念、信心，任何时候都至关重要。小到一个人、一个集体，大到一个政党、一个民族、一个国家，只要有信仰、信念、信心，就会愈挫愈奋、愈战愈勇，否则就会不战自败、不打自垮。砥砺对马克思主义的信仰、增进对中国特色社会主义的信念、厚植对实现中华民族伟大复兴中国梦的信心，我们必将所向披靡。理想信念是共产党人的政治灵魂，是经受住任何考验的精神支柱，是走好新时代新征程赶考之路的力量源泉。回望党的历史，一代代共产党人凝聚在信仰的旗帜下，为理想信念前赴后继、接续奋斗。传承红色基因，把党史作为坚定理想信念的最好教材，从中感悟信仰的力量，不断增强对党的价值追求和前进方向高度的政治认同，把好世界观、人生观、价值观这个“总开关”，为崇高信仰不断注入新的时代内涵。迎来从站起来、富起来到强起来的伟大飞跃，历史已经充分证明，中国特色社会主义是实现民族复兴的唯一正确选择。中国特色社会主义是根植于中国大地、反映中国人民意愿、适应中国和时代发展进步要求的科学社会主义。系统领悟其中的历史必然性和科学真理性，更加深刻地认识到这条路不仅走得对、走得通，而且一定能够走得稳、走得好。

永葆共产党员的政治本色。党的力量来自组织，党的全面领导、党的全部工作要靠党的坚强组织体系去实现。如何对待组织，彰显着党员的入党初衷，考验着党员的党性品质。党员干部的成长，固然离不开个人的努力，但若没有组织提供的学习和工作环境，没有组织的教育和鼓励鞭策，哪怕能力再强、水平再高，也难有成就和发展。要珍惜组织赋予的实现人生价值的干事平台，把个人奋斗与组织需要紧密结合起来，组织安排的工作需要在哪里就在哪里，善始善终、善作善成，努力以优异业绩为组织增光添彩。对党员来说，组织是最坚实的靠山、最坚强的后盾。要发自肺腑地相信组织，自觉融入组织，依靠组织成长进步。当组织认可的时候，要不忘组织培养、化责任为动力，当组织考验的时候，要放平心态、找差距找不足，真正把工作留给自己、把自己交给组织。作为党的干部，服务组织安排是最基本的素质和要求。在执行组织决定上，既要有雷厉风行的鲜明态度，坚决防止表态式服从、选择性执行、应付型落实，又要有创新推进的实践深度，少划上下一般粗的延长线、多划创造性落实的提升线，不断增强执行的针对性实效性。

弘扬无私奉献的担当精神。对党忠诚是政治标准更是实践标准。如果连本职工作都没做好，不担当不作为，把党组织交给的“责任田”

撂荒了甚至弄丢了，那就谈不上对党忠诚。砥砺知重负重、敢打硬仗的锐气。时刻保持“披甲枕戈而卧”的战斗状态，敢接最烫手的山芋、敢碰最硬的钉子、敢攻最难攻的碉堡，对党中央部署闻风而动、雷厉风行，坚决做到矛盾面前不躲闪、挑战面前不畏惧、困难面前不退缩。发扬极端负责、精益求精的作风。始终抱着如临深渊、如履薄冰的态度，自己给自己找碴儿、自己跟自己较劲，决不满足于“大概齐”“过得去”“差不多”，努力追求一事都不能漏、一点都不能错、一秒都不能误的工作境界。涵养无怨无悔、甘于奉献的精神。为党的事业奋斗，如果怀着一颗无私奉献之心，那么再怎么艰苦也是美的，再怎么付出也是甜的。正确处理好苦与乐、得与失、进与退的关系，真正在埋头苦干中实现人生价值、在无私奉献中诠释对党忠诚。

（《学习时报》2024 年 4 月 22 日第 4 版）

处理好部署和落实的关系

牛先锋　李晓敏

一分部署，九分落实。要把党的二十届三中全会部署的进一步全面深化改革重大举措落到实处，必须有科学的方法论指导。习近平总书记指出，要处理好部署和落实的关系，改革方案的设计必须把握客观规律，注重各项改革举措的协调配套，增强改革取向的一致性，建立健全责任明晰、链条完整、环环相扣的工作机制，强化跟踪问效，推动改革举措落实落细落到位。这一重要论述，为处理好部署和落实的关系指明了正确的方向。

坚持因地制宜，改革方案的设计必须把握客观规律。改革方案是推进改革的基本依据，改革方案只有尊重客观实际才能产生现实生产力。我国各地区自然资源禀赋差别大，东中西区域发展不平衡，南北区域发展差异明显，生产力发展水平不同，对生产关系的调整要求也不尽相同，必然要求各地各部门在研究制定改革方案时求真务实，把握客观发展规律，因地因时制宜。善于从本地区本部门的优势长处、短板弱项出发，瞄准关键点、找准发力处，防止照抄照搬、依葫芦画瓢，搞上下一般粗、左右一个样。避免在研究制定改革方案时目标既高且多、举措面面俱到，但大多是没有针对性、破题性改革举措的现象。更不能简单地把常规性工作装进改革框架里，曲解全面深化改革的真正意图。要创造性地将党中央决策部署同本地区本部门的具体实际相结合，善于做好改革方案“加减法”。“加法”就是围绕习近平总书记对各地各有关方面作出的重要指示、强调的重大事项进一步深化拓展，把党中央为各地区擘画的蓝图转变为现实。“减法”就是对改革方案的一些程序性、事务性内容删繁就简，多讲“干货”“鲜货”“靓货”，让改革方案的设计在“加减法”中凸显客观底色和鲜明特色。

坚持系统观念，注重各项改革举措的协调配套。改革步入深水区，单一模块化改革越来越少，迫切需要各项改革举措之间相互补充、协同发力。改革举措只有加强耦合性协调性、提升弹性韧劲，才能增强改革的向心力和抓地力。注重改革举措的协调配套，应在凝聚改革共识、提升区域协调水平、优化资源整合等方面着力。以提高协同性凝聚改革共识，思想统一是部署和落实改革任务的前提，要攥紧拳头统一改革共识，心往一处想，找准改革“最大公约数”。通过改革举措强化联动协调、合力攻坚的力度，将“单兵突围”转变为“协同作战”，只有群策群力、合力攻坚，才能激发改革活力。以整体性提高区域协调发展总体水平，通过改革举措促进人口、土地、资金、技术等各类要素合理流动和高效集聚，提升区域发展一体化水平。以效益最大化整合资源配置，通过改革举措把生产要素从低效率生产主体重新配置到高效率生产主体，进一步优化资源配置，提高资源配置效率。通过改革举措的整体协调推进，确保既能“摸着石头过河”大胆改革，又能有迹可循行稳致远善于改革。

坚持发展为了人民、发展依靠人民，增强改革取向的一致性。增强改革取向的一致性关键在于尊重人民主体地位和首创精神，始终把人民利益摆在至高无上的地位，抓住人民最关心最直接最现实的利益问题推进重点领域改革，这是改革取向一致性的根本，也是最终指向。如果这个取向不一致，那么我们进行的一切改革就违背了社会主义的本质要求，就偏离了社会主义的正确轨道。在推进改革举措落实时，要把人民群众满意不满意、高兴不高兴、答应不答应作为推动各项改革取向一致性的标准。一切背离人民立场的“抓落实”都是走偏、虚化的“抓落实”。力戒本位主义、小团体主义，防止出现相互掣肘、效应抵消。增强改革取向的一致性还要善于激发人民群众的首创精神，广泛听取群众意见和建议，及时总结群众创造的新鲜经验，让群众的智慧力量在推进全面深化改革的多重目标中熠熠生辉。

坚持问题导向，推动改革举措落实落细落到位。抓落实是推进改革的基本要求，更是改革的制胜之道。根据客观实际研究制定改革方案，使主观符合客观，为全面深化改革提供“施工图”“路线图”，这只是万里长征的“第一步”。只有抓落实才能把改革举措的“含金量”充分挖掘出来，把改革清单变为改革成绩单。坚持问题导向有助于我们深入研判、准确识别当前和今后一段时期我国经济社会发展中面临的关键问题，有助于全面深化改革的“棋眼”“棋子”精准落位，逢山开路、遇水搭桥，有针对性地处理改革攻坚面临的共性问题和隐形矛盾。深入查找改革中存在问题的原因，切实把改革进程中的基本情况、主要障碍和方向路径研判清楚、分析透彻，对改革推进过程中出现的新情况新趋势及时会商，有的放矢，科学调整改革主攻方向。将改革落实情况纳入督察和巡视整改内容，对改革推进情况开展“回头看”，压紧压实各方责任落实链条。不断完善改革监督和制约机制，

坚持干字当头

严格按照全周期监督跟进，建立闭环式监督体系，既强化自上而下的刚性约束，又鼓励因地制宜的创新探索。

（《学习时报》2024 年 12 月 2 日第 3 版）

干字当头　狠抓落实

信长星

习近平总书记在中央经济工作会议上的重要讲话，明方向、明大道，定目标、定举措，从理论到实践、从认识论到方法论，都为做好当前和今后一个时期的经济工作提供了根本遵循。江苏将认真学习贯彻，坚持干字当头，切实做好各项工作，努力交出一份高质量发展新答卷。

准确把握党中央对当前形势的重大判断，坚定自觉地沿着习近平总书记指引的方向前进

中央经济工作会议对国内外形势作出科学判断，对做好经济工作的规律性认识作出系统总结，为中国经济航船行稳致远提供了科学指引。我们将自觉把习近平总书记的重大分析判断作为新形势下谋划工作、应对变局、服务全局的逻辑起点，紧密结合习近平总书记对江苏工作重要讲话重要指示精神，切实贯彻到经济工作全过程各方面。

习近平总书记战略指引和党中央集中统一领导是做好经济工作的

根本保证。过去一年，面对复杂严峻形势，以习近平同志为核心的党中央统揽全局、审时度势，战风浪、攻难关，稳大局、开新局，高质量发展扎实推进，中国式现代化迈出新的坚实步伐，中国的发展依然是“风景这边独好”。特别是2024年9月26日习近平总书记主持召开中央政治局会议，果断部署一揽子增量政策，加强超常规逆周期调节，一举扭转经济下滑势头，在经济指标前高、中低情况下迅速实现后扬，扬起的不仅是数据，更是信心和预期。这一系列英明决断，彰显着习近平总书记对社会主义市场经济运行规律的深刻洞察，对经济周期性波动的科学把握，对变化变局中挑战机遇的高超驾驭，是因时因势、识变应变的大手笔，是更好发挥政府作用的生动体现，是关键时刻、重要节点核心作用的充分展现。习近平总书记战略指引和党中央集中统一领导是做好经济工作的根本保证，已经成为全党上下的最大共识，是我们战胜一切困难挑战的力量之基、信心之源。

“五个必须统筹”是做好经济工作的科学方法论。高质量发展是新时代的硬道理，决定的是中国式现代化和大国博弈的物质基础。这一过程不可能是一片坦途，必然会面临各种困难挑战。习近平总书记提出的“五个必须统筹”的重要关系，是新形势下推动高质量发展的科学方法论，是我们应对解决错综复杂矛盾问题的“金钥匙”。习近平总书记指出，江苏经济总量占全国十分之一，在全国大局中举足轻重、不可替代。我们要在高质量发展上继续走在前列，就必须更加自觉地领会和运用好我们党对做好经济工作的规律性认识，坚持稳中求进、以进促稳，统筹做优增量和盘活存量，统筹培育新动能和更新旧动能，在平稳接续中拓展发展空间；贯通有效市场、有为政府，尊重和发挥市场在资源配置中的决定性作用，做到不缺位、不越位；

用好改革之力、法治之力，以经济体制改革为牵引，统筹推进各领域改革，平等保护各类经营主体合法权益；突出稳定预期、增强信心，协同推进政策实施和预期引导，把握好时度效，充分释放克服发展难题、促进经济回升向好的积极信号。

坚定不移办好自己的事是战胜各种风险挑战的关键。习近平总书记要求江苏“在推进中国式现代化中走在前、做示范”，赋予我们打造具有全球影响力的产业科技创新中心、建设具有世界聚合力的双向开放枢纽以及加快打造具有国际竞争力的战略性新兴产业集群、成为发展新质生产力的重要阵地、建设农业强省、担当新的文化使命、实践人文经济学、强化基层治理和民生保障等一系列重大任务。这些大事要事，有的是着眼塑造长远竞争优势进行探索创新首先对江苏提出来的，有的是聚焦当前发展矛盾困难要求江苏率先破题的，有的则是针对江苏发展突出问题要求我们防范化解的，背后都蕴含着国家战略需要，都是关乎全局的“国之大者”。我们必须站在强国建设、民族复兴的高度，切实增强抓经济、谋发展的自觉性和主动性，高质量完成好这些重大任务，在服从服务党和国家事业发展大局中不断塑造新优势、打开新空间。

全面落实党中央重点任务部署，创造新的发展实绩

习近平总书记在中央经济工作会议上部署了“九项重点任务”，抓纲带目、切中要害，针对性、牵引性都很强。我们将全面贯彻落实，确保真正到位。第一，围绕全方位扩大国内需求，突出提升消费能力、意愿和层级，突出重大项目牵引和政府投资撬动作用，大力提

振消费、提高投资效益。第二，围绕建设现代化产业体系，深入实施世界级先进制造业集群培育专项行动，推动新旧发展动能平稳接续转换，以科技创新引领新质生产力发展。第三，围绕发挥经济体制改革牵引作用，推动标志性改革举措落地见效，开展规范涉企执法专项行动，进一步激发各类经营主体发展动力活力。第四，围绕稳外贸、稳外资，加快培育外贸新增长点，着力解决知识产权保护、数据跨境流动等外商投资关切和项目落地中的难点问题，不断扩大高水平对外开放。第五，围绕牢牢守住不发生系统性风险底线，坚持和发展新时代“枫桥经验”，有效防范化解重点领域风险，高水平建设平安江苏。第六，围绕促进城乡融合发展，统筹推进新型城镇化和乡村全面振兴，深入实施以人为本的新型城镇化战略五年行动计划，推动城乡共同繁荣。第七，围绕增强区域发展活力，更加注重发挥重大国家战略的叠加效应，推动“1+3”重点功能区各板块优势互补、各展所长，为高质量发展培育更多新的增长极。第八，围绕加紧经济社会发展全面绿色转型，进一步营造绿色低碳产业健康发展生态，协同推进降碳减污扩绿增长，推动美丽江苏建设取得更大成效。第九，围绕加大保障和改善民生力度，健全覆盖全人群、全生命周期的高质量人口服务体系，不断增强人民群众获得感幸福感安全感。具体举措上，我们将结合江苏实际，聚焦重点领域和关键环节，着力抓好五个方面工作。

统筹抓好促消费、增收入、惠民生。针对需求不足这一问题，以更加精准的政策举措来提振消费，以多渠道增加居民收入来提升群众消费能力、意愿和层级，以保障改善民生来释放内需潜力。抓住用好国家实施提振消费专项行动等政策机遇，进一步优化补贴方式，更好撬动汽车、家电家居、智能终端等消费，促进消费升级。持续优化消费环境、打造消费品牌，积极拓展首发、首店、首秀、首展等消费场景，扩大健康、文旅、体育、养老、育幼、家政等服务消费，支持新型消费加快发展。注重发展劳动密集型和便于群众在家门口就业创业的产业，实施重点领域、重点行业、城乡基层和中小微企业就业支持计划，加强高校毕业生等重点群体就业帮扶，做好灵活就业和新就业形态劳动者权益保障，全力促进高质量充分就业。完善劳动者工资正常增长机制，切实稳定群众增收预期。促进学前教育普及普惠发展，推动义务教育优质均衡发展和城乡一体化，扩大普通高中资源供给，扎实推进优质本科扩容。落实好国家医疗卫生强基工程部署，持续推进高水平医院建设。完善落实生育支持政策体系，加强普惠育幼服务体系建设。强化低收入人口兜底保障，加强困境儿童、流动儿童和留守儿童关爱服务。发展社区支持的居家养老，扩大普惠养老服务。

有效促进政府投资、民间投资、外商投资。无论是加强超常规逆周期调节，还是全方位扩大国内需求，都要发挥投资的关键作用，都要落到具体项目上。充分发挥政府投资引导带动作用，聚焦交通、能源、市政、水利、信息等网络型基础设施中的堵点卡点，统筹好重大工程和“小快灵”项目建设，加快联网、补网、强链，持续降低物流等经济社会运行成本；系统推进城市更新，统筹好地上和地下、生活和生产、保护和开发等关系，加力实施城中村和危旧房改造，着力补齐地下管网管廊、综合能源、智慧城市、消防安全、社区服务等短板，提升城市宜居水平和安全韧性。充分发挥民间投资主力军作用，创造更好的条件和环境，进一步提振民营企业信心和投资意愿，通过明确参股比例等方式，推动更多民间资本参与交通、能源、水利、农业农村等重大基础设施建设。充分发挥外资在构建新发展格局中的重要作用，落实好制造业领域外资准入限制措施“清零”、服务业扩大开放等改革措施，让更多外资深耕江苏。注重抓大带小，既紧盯“高大上”的项目，又招引“专而精”的高科技项目，建好省内国际合作园区，培育投资江苏的新品牌。

大力推进科技创新、产业创新、企业创新。新质生产力的显著特点是全面创新，其中科技是源头，产业是主战场，企业是主体。必须抓住关键环节，协同创新突破，引领新质生产力加快发展。更大力度推进关键核心技术攻关和科技成果转化，持续加强战略科技力量建设，谋划推进新的重大项目，围绕生物制造、量子科技、具身智能、6G等领域，组织实施省科技重大专项、前沿技术研发项目和基础研究重点项目，开展新技术新产品新场景大规模应用示范行动，着力发展高科技服务业，全力推进全国高校区域技术转移转化中心建设，加快将科技成果转化为新质生产力。更大力度建设现代化产业体系，深入推动化工、纺织、钢铁、建筑业等传统产业设备更新和绿色化转型，持续推进“智改数转网联”，开展“人工智能+”行动，推动人工智能赋能千行百业；在确保安全前提下推进商业航天、低空经济等新兴产业发展，培育发展未来产业，着力形成先发优势。更大力度推进企业创新，鼓励支持各类企业用好国产大飞机规模化等机遇，积极参与各类创新联合体、产业链联盟，梯度培育专精特新企业、创新型企业、科技领军企业；加强对产业链关键企业、中小微企业的政策支持，统筹布局和规范引导企业“走出去”。

做大做强县域经济、园区经济、跨行政区经济。这都是江苏长期发展中形成的重要支撑，也是江苏的发展品牌，蕴藏着巨大潜能和许多新的增长点，必须加大改革赋能力度，进一步激发动力活力。引导县市跳出“县域思维”，在区域一体化和城乡融合发展中找准定位，既用好“时空近距离”，依托高铁、高速公路、机场、港口等枢纽节点，更深层次融入都市圈，借势借力破解人才、技术、资金等瓶颈制约；又用好“网络零距离”，在工业互联网、算力互联互通等助力下，推动高端要素虚拟化集聚、网络化协同，积极探索打造“虚拟”产业园和产业集群，因地制宜推动兴业、强县、富民一体发展，不断提升县域经济能级。全方位促进产业园区提质增效，支持南京江北新区、苏州工业园区勇于开拓创新，继续当好改革开放的排头兵；深入实施自贸试验区提升战略，深化推动生物医药全产业链开放创新；办好柬埔寨西港特区、中阿（联酋）产能合作示范园等园区，加强海外仓布局建设，拓宽中间品出口渠道，继续做大跨境电商，积极发展外贸新业态新模式，为江苏开放型经济发展创造更大的战略纵深。深化跨行政区合作，主动携手沪浙皖，强化与京津冀、粤港澳大湾区等地区深度对接，在更大范围内整合科创等优势资源，全面促进强强联合；更高水平推进“1+ 3”重点功能区建设，支持苏南与苏北、都市圈内以及资源禀赋互补或产业协同效应强的地区之间加强对接合作，把“产业飞地”与“科创飞地”、“人才飞地”等统筹起来，更好实现错位互补、各展所长。

全力以赴防风险、保安全、促稳定。强化底线思维、极限思维，把安全风险防范各项工作抓实抓细抓到位，坚决守住不发生系统性风险的底线。统筹化解房地产、地方政府债务、金融风险，更好发挥城市房地产融资协调机制作用，充分释放刚性和改善性住房需求潜力，建设适应人民群众高品质生活的“好房子”，加快构建房地产发展新模式；探索建立新形势下地方债务管理新机制，将不新增隐性债务作为铁的纪律；继续加强央地协同监管，保持严打非法金融活动的高压态势。不折不扣抓好中央生态环境保护督察反馈问题整改落实，更高标准打好污染防治攻坚战、更大力度推进绿色低碳转型、更实举措解决群众身边突出环境问题，协同推进降碳减污扩绿增长，探索构建产品碳足迹管理体系、碳标识认证制度，建设零碳园区。紧盯潜在风险隐患，扎实开展社会矛盾风险化解、安全生产和自然灾害风险隐患排查整治，切实强化公共安全系统施治，严防极端事件发生。

坚持干字当头，凝聚推动高质量发展的强大合力

习近平总书记就加强党对经济工作的领导提出了明确要求，特别强调要坚持干字当头，增强信心、迎难而上、奋发有为。我们将坚决扛起责任，抓住一切有利时机，利用一切有利条件，更好地调动起全省上下的积极性，确保党中央各项决策部署落到实处。

用心用力把党中央的重视和支持转化为新的发展实绩。党中央加强超常规逆周期调节、加力扩围的政策利好，对经济大省挑大梁的要素保障支持，让我们信心倍增。特别是习近平总书记对江苏工作一直十分关心，多次亲临江苏考察，多次参加全国两会江苏代表团审议并发表重要讲话，为我们做好江苏工作提供了根本遵循和行动指南，令全省上下倍受鼓舞。我们将进一步增强抓工作的积极性主动性创造性，把习近平总书记重要指示真正学深悟透，把党中央意图真正领会透，把党中央政策要求把握准，积极创造条件，最大限度打好政策“组合拳”，努力拿出一个好的成绩单。

用心用力把江苏长期厚植的综合优势转化为新的发展实绩。江苏

发展基础好、韧性强、潜力大，在很多领域都已形成一定优势，各项工作必须奋发有为、走在前列。我们将用好优势、积极作为，在传统优势领域继续巩固领先地位、更上一层楼，在开辟新领域新赛道上主动作为、敢为人先，在社会民生等领域协同发力、齐头并进，积蓄汇聚成更强劲的发展势能和动能，推动江苏发展继续向好、长期向好。

用心用力把应对困难挑战的过程转化为新的发展实绩。看到优势能够增强信心，正视困难挑战有利于增强信心，只要信心不滑坡，办法总比困难多。我们任何时候都必须牢记习近平总书记强调的“两点论”，用好危和机的辩证法，善于从困难中看到正在出现的积极变化，从压力中看到正在孕育的新动力，从阻碍中看到已经明晰的突破方向，从挑战中看到更长远的发展机遇，以扎实的工作牢牢掌握发展主动权。

用心用力把广大干部群众的精气神转化为新的发展实绩。我们将进一步激发干部队伍干事创业的内生动力，树牢正确政绩观，放开手脚、带动各方面一起干；更加关心爱护企业家群体，让他们心无旁骛做大做强；更好激励科研工作者探索创新，不断攀登科技创新和产业创新高峰；更大力度弘扬劳模精神、劳动精神、工匠精神，激励广大劳动者满怀激情建功立业，奋力推进中国式现代化江苏新实践，以“走在前、做示范”的实际成果，向党中央交上新的合格答卷。

（《学习时报》2025 年 1 月 24 日第 1 版）

干字当头　奋发有为
扎实推动中央经济工作会议各项部署落到实处

郑栅洁

习近平总书记在中央经济工作会议上总结2024年经济工作，分析当前经济形势，部署2025年经济工作，为做好当前和今后一个时期的经济工作指明了前进方向、提供了根本遵循。我们要深入学习贯彻中央经济工作会议精神，自觉用党中央对形势的科学判断统一思想、统一意志、统一行动，坚持干字当头，增强信心、迎难而上、奋发有为，不折不扣抓好贯彻落实，切实把党中央决策部署转化为推动高质量发展的实绩。

2024年我国经济社会发展取得新进展新成效

2024年以来，面对外部压力加大、内部困难增多的复杂严峻形势，以习近平同志为核心的党中央总揽全局、沉着应对，特别是9月下旬果断部署一揽子增量政策，加大宏观调控力度，社会信心有效提振，主要指标好转，积极变化增多，高质量发展扎实推进，经济社会发展主要目标任务顺利完成。

经济运行总体平稳、稳中有进。一是经济发展态势向好。四个季度国内生产总值同比增速分别为 5.3%、4.7%、4.6%、5.4%，全年增长 5.0%。二是供给需求平稳增长。工业生产增势稳定，全年规模以上工业增加值同比增长 5.8%。服务业发展加快，12 月服务业生产指数同比增长 6.5%，比 11 月加快 0.4 个百分点，为全年最高点。投资持续增长，全年全国固定资产投资（不含农户）51.4 万亿元，增长 3.2%，其中制造业投资和基础设施投资分别增长 9.2%、4.4%。全年社会消费品零售总额增长 3.5%，较前三季度加快 0.2 个百分点；服务消费较快增长，全年服务零售额增长 6.2%。外贸运行总体平稳，货物贸易进出口总额 43.8 万亿元，同比增长 5.0%，其中出口增长 7.1%。三是市场预期信心向好。12 月制造业采购经理指数（PMI）为 50.1%，连续 3 个月保持在扩张区间。从 PMI 分类指数看，生产指数、新订单指数和供应商配送时间指数均高于临界点。

发展新动能新优势不断壮大。一是产业转型升级迈出新步伐。全年规模以上高技术制造业增加值同比增长 8.9%，高于整体工业增速 3.1 个百分点，其中智能消费设备制造、智能车载设备制造业、智能无人飞行器制造等行业分别增长 10.9%、25.1%、53.5%。二是新旧动能转换加快。新能源汽车产销分别完成 1288.8 万辆和 1286.6 万辆，同比分别增长 34.4% 和 35.5%，年产销量首次突破 1000 万辆。我国已成为全球工业机器人第一大生产国和消费市场，工业机器人密度达到每万人 470 台。三是绿色低碳转型稳步推进。预计全年能耗强度下降 3% 以上，风电、光伏装机合计超过 13 亿千瓦，提前 6 年完成对外承诺目标。智能制造、绿色制造水平明显提升，已建成装备领域 214

家国家级智能制造示范工厂、34 家灯塔工厂、1850 家绿色工厂。

民生福祉持续增进。一是就业形势总体稳定。全年城镇调查失业率平均为 5.1%，比上年下降 0.1 个百分点。外来农业户籍劳动力调查失业率平均为 4.6%，比上年下降 0.3 个百分点。二是物价走势保持平稳。重要民生商品供给充足，12 月居民消费价格指数（CPI）环比由降转平，同比上涨 0.1%。工业生产者出厂价格（PPI）同比降幅收窄 0.2 个百分点，国内工业品需求有所恢复。三是社会保障水平不断提高。社会保障制度改革稳步推进，社会保险覆盖面持续扩大，待遇水平持续提高，社保基金运行总体平稳。加快完善生育支持政策体系，支持社会力量发展普惠托育服务，教育、医疗、养老、体育等公共服务设施加快补齐。

经济安全保障能力稳步提升。一是粮食安全基础进一步夯实。全年粮食产量达到 1.41 万亿斤，比 2023 年增长 1.6%，在连续 9 年稳定在 1.3 万亿斤以上的基础上，首次迈上 1.4 万亿斤的新台阶。大豆油料扩种成果巩固，大豆播种面积连续 3 年稳定在 1.5 亿亩以上。二是能源资源安全得到有效保障。煤、油、气、电、核及可再生能源多轮驱动的能源供应体系基本形成，用能高峰期和重要活动期间能源供应总体平稳，迎峰度夏、迎峰度冬能源保障能力不断提升。三是产业链供应链韧性持续增强。制造业规模连续 14 年居世界首位，拥有全球最完备的产业体系，“中国供给”在全球经济循环中发挥重要作用。四是重点领域风险稳步化解。房地产市场出现积极变化，12 月房地产开发景气指数为 92.78，连续 8 个月回升，一二三线城市商品住宅销售价格同比降幅均收窄。地方政府债务和中小金融机构风险正在得到有效缓解和管控。

总的来看，2024年我国经济迎难而上、稳步前行，持续向好态势不断巩固，我国经济实力、科技实力、综合国力不断增强，中国式现代化迈出新的坚实步伐。这些成绩的取得，根本在于习近平总书记掌舵领航、在于习近平新时代中国特色社会主义思想科学指引，是全党全国各族人民团结一致、共同努力的结果。

全力推动中央经济工作会议各项部署落地见效

当前，世界百年变局加速演进，外部环境变化带来的不利影响加深，我国经济运行仍面临不少困难和挑战。但也要看到，我国经济基础稳、优势多、韧性强、潜能大，长期向好的支撑条件和基本趋势没有变。中央经济工作会议强调，要坚持稳中求进、以进促稳，守正创新、先立后破，系统集成、协同配合，充实完善政策工具箱，提高宏观调控的前瞻性、针对性、有效性。我们将全面贯彻落实中央经济工作会议明确的总体要求和政策取向，打好政策“组合拳”，持续推动经济稳定向上、结构不断向优、发展态势持续向好，高质量完成“十四五”规划目标任务，为实现“十五五”良好开局打牢基础。

全方位扩大国内需求。2024年以来，扎实推动“两重”建设，加力推进“两新”工作，政策组合效应不断释放，内需潜力有效激发。全年设备工器具购置投资比上年增长15.7%，增速高于全部投资12.5个百分点，全年消费品以旧换新政策整体带动大宗耐用消费品销售额超1.3万亿元。下一步，将大力提振消费，加力扩围实施“两新”政策，将设备更新支持范围扩大至更新换代潜力大的电子信息、安全生产、设施农业等领域，扩围支持消费品以旧换新，加快提升回收循环利用水平。扩大有效益的投资，更大力度支持“两重”建设，增加超长期特别国债发行规模，进一步提高国债资金对项目的支持比例，适度增加中央预算内投资规模并优化支持范围，支持和鼓励民间投资健康发展，持续推动重大项目引入民间资本。

坚持以科技创新引领新质生产力发展。2024 年以来，积极推进科技创新，科技成果加快转化，技术合同成交额保持两位数增长。加快产业创新步伐，培育壮大新质生产力，为经济发展注入了新的动力。截至2024年末，国产大飞机C919累计交付16架，首艘大洋钻探船“梦想”号正式入列，“嫦娥六号”实现人类首次月球背面采样返回，首个商业航天发射场建成并首发成功，5G 基站达到 425 万个。下一步，将持续加强基础研究和关键核心技术攻关，加强国家战略科技力量建设，超前布局重大科技项目。大力支持制造业高质量发展，综合整治“内卷式”竞争，加强供需调控和产销衔接。加快新兴产业发展和未来产业培育，抓好数字经济高质量发展，加快构建全国一体化算力网，培育一批具有国际竞争力的数字产业集群。

推动重大改革举措落地见效。党的二十届三中全会确立了 300 多项重要改革举措，擘画了新时代新征程的改革蓝图。2024 年以来，强化重点领域和关键环节改革攻坚，全国统一大市场建设向纵深推进，《公平竞争审查条例》正式施行，市场环境更趋规范有序，国有经济布局结构持续优化，民营经济促进法草案提请全国人大常委会会议审议。下一步，将以钉钉子精神抓好改革落实，深入实施全国统一大市场建设指引，修订出台新版市场准入负面清单，开展规范涉企执法专项行动。高质量完成国有企业改革深化提升行动，加力促进民营经济发展。统筹推进财税体制改革，深化资本市场投融资综合改革。

持续扩大高水平对外开放。2024年以来，坚持以开放促改革、促发展，首次在全国范围内对跨境服务贸易建立负面清单管理制度，全面取消制造业领域外资准入限制措施，对外投资和国际产能合作加速发展。全年新设外商投资企业近6万家，同比增长9.9%，对外非金融类直接投资增长10.5%。下一步，将积极发展服务贸易、绿色贸易、数字贸易，推动自由贸易试验区提质增效和扩大改革任务授权，加快推进海南自由贸易港核心政策落地。深化外商投资促进体制机制改革，稳步扩大制度型开放。推动高质量共建“一带一路”走深走实，统筹推进重大标志性工程和“小而美”民生项目。

有效防范化解重点领域风险。2024年以来，坚持系统谋划、持续发力，统筹化解房地产、地方债务、中小金融机构等风险，守住了不发生系统性风险的底线。下一步，将更好统筹发展和安全，全方位夯实粮食安全根基，抓好粮食和重要农产品稳产保供。大力提升能源资源安全保障能力，确保重要产业链供应链安全。建立健全数据安全治理体系。推动构建房地产发展新模式，做好地方政府隐性债务置换工作，稳妥处置地方中小金融机构风险。

统筹推进新型城镇化和乡村全面振兴。2024年以来，强化以工补农、以城带乡，持续推动城乡融合发展，以人为本的新型城镇化战略五年行动计划深入实施，第二轮乡村全面振兴规划印发实施，宜居宜业和美乡村加快建设。下一步，将统筹新型工业化、新型城镇化和乡村全面振兴，促进大中小城市协调发展，提高城市安全韧性水平。推动农业转移人口市民化，加快补齐城镇建设中的短板弱项。严守耕地红线，提高农业综合效益和竞争力。因地制宜推动兴业、强县、富民一体发展，拓宽农民增收渠道，深入实施以工代赈。

加大区域战略实施力度。2024 年以来，系统谋划出台实施一批重要区域规划和政策，京津冀、长三角、粤港澳大湾区引领带动作用凸显，长江、黄河流域生态环境质量稳步提升，东数西算、西电东送、西气东输等跨区域合作重大工程有力推进，东北地区维护“五大安全”能力不断增强。下一步，将继续发挥区域协调发展战略、区域重大战略、主体功能区战略的叠加效应，积极培育新的增长极。推进区域内战略深化实施，推动区域间联动融合发展。提升经济发展优势区域的创新能力和辐射带动作用。大力发展海洋经济和湾区经济。

推动经济社会发展全面绿色转型。2024 年以来，出台加快经济社会发展全面绿色转型的意见，大力推进节能降碳，加快实施重要生态系统保护和修复重大工程，出台施行《生态保护补偿条例》，生态环境质量持续改善。全年地级及以上城市细颗粒物（PM2.5）平均浓度比上年下降 2.7%，水质优良（Ⅰ—Ⅲ类）断面比例为 90.4%，比上年上升 1.0 个百分点。下一步，将协同推进降碳减污扩绿增长，持续深入推进蓝天、碧水、净土保卫战。打好能耗双控收官战，努力完成“十四五”目标任务。推进国家碳达峰试点建设，加快建立一批零碳园区。营造绿色低碳产业健康发展生态，培育绿色建筑等新增长点。

持续加大保障和改善民生力度。2024 年以来，不断完善基本公共服务制度体系，加强普惠性、基础性、兜底性民生建设，民生保障更有力度、更显温度。下一步，将落实更多惠民生举措，更大力度促进就业，开展大规模职业技能培训。着力促进居民增收，适当提高退休人员基本养老金和城乡居民基础养老金，提高城乡居民医保财政补助标准。完善“一老一小”设施布局，实施医疗卫生强基工程，改善高校基本办学条件，健全常住地提供基本公共服务制度。

以高质量党建推动发展改革工作高质量发展

面对新形势、新任务、新要求，国家发展改革委将坚持以习近平新时代中国特色社会主义思想为指导，全面贯彻落实党的二十大和二十届二中、三中全会精神，不断提高政治判断力、政治领悟力、政治执行力，始终保持干事创业、开拓进取的精气神，努力做到“四个加强”，不断提升发展改革工作质量和水平。

加强政治机关建设，把党的领导落实到发展改革工作各领域各环节。坚持把学深悟透做实习近平总书记重要讲话和重要指示批示精神作为第一要务，进一步深刻领悟“两个确立”的决定性意义，不断增强“四个意识”、坚定“四个自信”、做到“两个维护”，在思想上政治上行动上始终同以习近平同志为核心的党中央保持高度一致。

加强党的理论武装，做好深学笃行阐释习近平经济思想的排头兵。充分发挥委党组领学促学作用，统筹用好委党校、周三大讲堂、求是论坛、发改书吧思享汇等各类学习平台，引导干部自觉用习近平经济思想来阐释经济现象、总结发展规律、指导做好工作，做习近平经济思想的坚定信仰者、忠实践行者、积极传播者。

加强干部队伍建设，打造忠诚干净担当的高素质发展改革队伍。培养干部做到“宏观着眼、微观着手”，既聚焦“国之大者”，善于谋全局、抓大事，又做到接地气、懂实际，制定管用“解渴”的政策举措，让企业和群众有感有得；做到“能文能武”，既能坐下来静下来研究重大问题，又能走出去协调相关各方、有效推动工作。

加强党风廉政建设，一体推进不敢腐、不能腐、不想腐。健全权力运行监督制约机制，强化重点工作和关键环节监督，从严从实抓好日常监督，营造风清气正的良好环境。扎实推进党纪学习教育常态化长效化，引导干部树立和践行正确的权力观、政绩观、事业观，踏踏实实做事、清清白白做人，真正把严守纪律规矩转化为行动自觉。

（《学习时报》2025 年 2 月 14 日第 1 版）

坚持干字当头

第三章

坚持干字当头，必须坚持一切从实际出发，真正做到求真务实

着力提高调查研究质量

臧安民

在学习贯彻习近平新时代中国特色社会主义思想主题教育工作会议上，习近平总书记强调："要深入调查研究""改进调研方式，力戒形式主义、官僚主义""提高调研成果质量，切实把调研成果转化为解决问题、改进工作的实际举措"。着力提高调查研究质量，运用党的创新理论研究新情况、解决新问题，是深入学习贯彻习近平总书记重要讲话精神、贯彻落实党中央决策部署、深入开展主题教育的必然要求。

调查研究是关系党和人民事业得失成败的大问题

习近平总书记指出："调查研究是谋事之基、成事之道""是我们党的传家宝，是做好各项工作的基本功"。大兴调查研究，是深入学习贯彻习近平新时代中国特色社会主义思想的必然要求，是应对新征程上风浪考验、推进高质量发展的应有之义，是转变工作作风、密切联系群众、提高履职本领、强化责任担当的重大举措。

学习贯彻党的创新理论需要高质量的调查研究。时代是思想之母，实践是理论之源。习近平新时代中国特色社会主义思想在新时代伟大实践中创立，在指导实践、推动实践中展现出巨大真理力量和实践伟力。深入实际、深入实践的高质量调查研究，有助于党员干部深刻把握这一重要思想的理论逻辑、历史逻辑、实践逻辑，更加全面把握这一重要思想的世界观、方法论和贯穿其中的立场观点方法，更加深切地领悟这一重要思想对推动工作思路、举措、办法创新的重要作用，从而真正运用这一重要思想优化思想方法、解决思想困惑，始终做到方向明确、头脑清醒、应对有方、行动有力。

坚持人民至上需要高质量的调查研究。人民性是马克思主义的本质属性。习近平总书记指出："江山就是人民、人民就是江山，打江山、守江山，守的是人民的心。"坚持为人民执政、靠人民执政，必须贯彻党的群众路线，时刻关注群众在想什么、盼什么，真正搞清楚老百姓的"喜怒哀乐、酸甜苦辣"，从而在人民的创造性实践中获得正确认识，使各项决策和工作部署集中民智、体现民意、反映民情、深得民心，赢得人民群众的拥护和支持，把党的正确主张变为人民群众的自觉行动。

掌握马克思主义认识论需要高质量的调查研究。实践的观点是马克思主义认识论的基本观点。在实践—认识—再实践—再认识的循环往复中使主观与客观相符合，需要有一个桥梁和途径，调查研究就是这样的桥梁和途径。只有深入实际，搞清楚问题是什么、症结在哪里，然后分析综合，形成符合实际的判断，才能拿出破解难题的实招硬招。为了打赢脱贫攻坚战，习近平总书记先后 7 次主持召开中央扶贫工作座谈会，50 多次调研扶贫工作，走遍 14 个集中连片特困地区。

正是这样看真贫、扶真贫，直接听取贫困地区干部群众意见，不断完善扶贫思路和扶贫举措，以习近平同志为核心的党中央带领全党全国人民打赢了人类历史上规模最大的脱贫攻坚战，创造了彪炳史册的人间奇迹。

高质量的调查研究贵在坚持实事求是

习近平总书记指出：调查研究“既要‘身入’基层，更要‘心到’基层，听真话、察真情，真研究问题、研究真问题”，要“坚持问题导向，增强问题意识，敢于正视问题，善于发现问题，既看‘高楼大厦’又看‘背阴胡同’，真正把情况摸清、把问题找准、把对策提实”。调查研究的高质量，贵在“真”和“实”。要努力在提高调查研究对象的广泛性上下功夫，在提高调查研究内容的针对性上下功夫，在提高调查研究方法的科学性上下功夫，在提高调查研究成果的有效性上下功夫，不断提高调查研究的质量和水平。

真情对待群众。习近平总书记指出：“贯彻党的群众路线，首先要对群众有感情，真正把自己当作群众的一员、把群众的事当作自己的事。”2013 年 2 月 3 日，习近平总书记在甘肃省渭源县元古堆村马岗家的土坯房里，从墙根水缸舀起一瓢水尝了尝，苦咸水的滋味让他眉头紧锁。在引洮供水工程工地考察时，习近平总书记叮嘱当地和随行有关部门负责同志“民生为上，治水为要”。此后，惠及甘肃几百万人民群众的“引洮工程”加快施工，甘甜的自来水流进家家户户。充满人民情怀的调查研究，为广大党员干部树立了典范。有真情才能身挨身坐、心贴心聊。衡量调查研究质量高低，不是看调查研究的规模有多大、时间有多长，也不光看调研报告写得怎么样，关键是调查研究的“质”和“效”，看调研成果是否得到运用，看问题是否得到解决，看工作水平是否得到提高，看与群众感情是否进一步加深。

真诚听取意见。真诚才能换来真话。2020 年 9 月 17 日，习近平总书记在湖南省长沙市主持召开基层代表座谈会时指出：“大家都处在改革发展和生产一线，参与经济社会生活最直接，同群众联系最经常，对党的路线方针政策落地见效感知最真切，提出的意见和建议能够更加贴近基层实际、反映群众心声。”有了这份真诚，群众就会讲真话、实话、心里话。调查研究不能只是听听、转转、看看，要防止“作秀式”调研、扎堆调研，防止浮光掠影、人到心不到的“蜻蜓点水”式调研，防止自主性差、丧失主动权的“被调研”。无论是召开座谈会、研讨会，还是走访调查、蹲点调查、典型调查、实地考察，都要务实扎实、虚心求教。

真心解决问题。习近平总书记指出：“要提高调查研究能力，坚持问题导向，深入实际摸清真实情况，集合众智提出解决办法，努力使对策建议有的放矢、切中要害。”调查研究的目的是解决问题。全面建成社会主义现代化强国、实现第二个百年奋斗目标，以中国式现代化全面推进中华民族伟大复兴，是前无古人的开创性事业，需要研究和解决的重大问题很多，迫切需要各级领导干部扑下身子、沉到一线，深入农村、社区、企业、医院、学校、“两新”组织等基层单位，把脉问诊、解剖麻雀。要多到最困难的地方去，到群众意见多的地方去，到工作推不开的地方去。要防止调查多研究少、情况多分析少，提出的对策措施大而化之、空洞抽象。要把微观调研和宏观调研结合起来，把定性分析和定量分析结合起来，把调研重心放在梳理问题、排查难题、研机析理、找准症结、明确抓手上，形成问题清单、责任清单、任务清单，一条一条研究，一项一项解决。

真正举一反三。调查研究的过程，不仅是深入实际、弄清“实事”的过程，也是举一反三、深入“求是”的过程。2005 年 11 月 2 日，时任浙江省委书记的习近平同志在浙江省委政策研究室调研时强调：“关键是调查后要善于研究”“既要预见潮流所在和大势所趋，又能看到‘风起于青萍之末’的苗头性、倾向性问题；调研的过程必须是去粗取精、去伪存真、由此及彼、由表及里的精心分析和研究的过程”。提高调查研究质量，要坚持运用习近平新时代中国特色社会主义思想的世界观、方法论和贯穿其中的立场观点方法，通过交换、比较、反复，由感性认识上升为理性认识，把零散的认识系统化，把粗浅的认识深刻化，把握现象和本质、形式和内容、原因和结果、偶然和必然、可能和现实、内因和外因、共性和个性的关系，提出解决问题、促进工作、完善政策、建立机制、形成长效的思路举措。特别是对那些具有普遍性和制度性的问题、涉及改革发展稳定的深层次关键性问题以及难题积案和顽瘴痼疾等要研究透彻，从而在工作中胸中有“全景图”、手中有“工具箱”。

以高质量的调查研究推动高质量发展

习近平总书记指出：“紧紧围绕高质量发展这个全面建设社会主义现代化国家的首要任务，以强化理论学习指导发展实践，以深化调查研究推动解决发展难题，把学习和调研落实到完成党的二十大部署的各项任务中去，以推动高质量发展的新成效检验主题教育成果。”我们要全面贯彻习近平新时代中国特色社会主义思想，以高质量的调研推动高质量发展。

在深入调研中深刻领悟推动高质量发展的重大决策部署。要通过高质量的调研，从理论和实践结合上深入领会加快实现高水平科技自立自强是推动高质量发展的必由之路，加快构建新发展格局是推动高质量发展的战略基点，推进农业现代化是实现高质量发展的必然要求，人民幸福安康是推动高质量发展的最终目的；深入领会推动高质量发展“必须完整、准确、全面贯彻新发展理念”“必须更好统筹质的有效提升和量的合理增长”“必须坚定不移深化改革开放、深入转变发展方式”“必须以满足人民日益增长的美好生活需要为出发点和落脚点”“必须坚持和加强党的全面领导、坚定不移全面从严治党”；深入领会中国式现代化的中国特色、本质要求和重大原则，中国式现代化理论和全面建设社会主义现代化国家战略布局的关系，推进中国式现代化需要处理好的若干重大关系；深入领会全面建成社会主义现代化强国“两步走”的战略安排，深入实施科教兴国战略、人才强国战略、创新驱动发展战略、乡村振兴战略等一系列重大战略的重大意义；等等。

在深入调研中找准本地区本部门本单位影响和制约高质量发展的问题短板及其根源。通过高质量的调研，发现和系统梳理提高政治判断力、政治领悟力、政治执行力方面的差距，思想观念、思维方式、思路举措、工作方法方面的差距，深入贯彻新发展理念、加快构建新发展格局、推动高质量发展方面的差距，防风险、迎挑战、抗打压能力方面的差距，担当作为、干事创业方面的差距，宗旨意识、群众感情方面的差距，真正把自己摆进去、把职责摆进去、把工作摆进去。

对照检视自身工作与党中央要求和群众愿望相比还存在哪些短板，找准问题症结，进行靶向治疗，及时提出并落实解决问题的举措办法。

在深入调研中增强推动高质量发展的担当和本领。习近平总书记指出："这次主题教育，要教育引导广大党员、干部学思想、见行动，树立正确的权力观、政绩观、事业观，增强责任感和使命感，不断提高推动高质量发展本领、服务群众本领、防范化解风险本领"。要通过高质量的调研，进一步深刻领悟"两个确立"的决定性意义，增强"四个意识"、坚定"四个自信"、做到"两个维护"，把坚持和加强党中央集中统一领导落实到推动高质量发展全过程各方面；胸怀两个大局，胸怀"国之大者"，坚持问题导向与目标导向、效果导向相结合，不断提高推动高质量发展的系统性、整体性、协同性；加强理论学习、厚实理论功底，保持战略定力，做到谋划时统揽大局、推进中细致精当、实操时下足绣花功夫；加强对实践经验的总结和对新情况、新问题的调查研究，弄清楚它们是怎么产生的、变化发展的趋势怎样、应该如何因势利导，通过探索和总结提高思想水平和工作能力；发扬"功成不必在我、功成必定有我"的精神，保持锐意进取、敢为人先、迎难而上的奋斗姿态，在推动高质量发展中积极作为，为推进强国建设、民族复兴的历史伟业贡献智慧和力量。

（《人民日报》2023 年 5 月 23 日第 9 版）

深刻理解和把握一切从实际出发

吴瀚飞

一切从实际出发，是我们想问题、作决策、办事情的出发点和落脚点。党的十八大以来，习近平总书记多次就坚持一切从实际出发进行深刻阐释，强调：“不论过去、现在和将来，我们都要坚持一切从实际出发”“要坚持实事求是、一切从实际出发，坚决防止形式主义、官僚主义”。习近平总书记关于坚持一切从实际出发的重要论述精神，体现在党的十八大以来我们党治国理政的全过程各方面。在强国建设、民族复兴的新征程上，解决新时代改革开放和社会主义现代化建设的实际问题，不断回答中国之问、世界之问、人民之问、时代之问，就要深入贯彻落实习近平总书记关于一切从实际出发的重要论述精神，在想问题、作决策、办事情时以客观实际为出发点，坚持发展变化的观点，坚持普遍联系的观点。

以客观实际为出发点

辩证唯物主义是马克思主义哲学的重要组成部分，是中国共产党人的世界观和方法论。坚持一切从实际出发，是由世界统一于物质、物质决定意识的原理决定的。恩格斯指出：“世界的真正的统一性在于它的物质性，而这种物质性不是由魔术师的三两句话所证明的，而是由哲学和自然科学的长期的和持续的发展所证明的。”习近平总书记指出：“世界物质统一性原理是辩证唯物主义最基本、最核心的观点，是马克思主义哲学的基石。”“遵循这一观点，最重要的就是坚持一切从客观实际出发，而不是从主观愿望出发。”深入学习领会习近平总书记的重要论述，就要学习掌握世界统一于物质、物质决定意识的原理，坚持以客观实际为出发点制定政策、推动工作。

习近平总书记指出：“当代中国最大的客观实际是什么？就是我国仍处于并将长期处于社会主义初级阶段。这是我们认识当下、规划未来、制定政策、推进事业的客观基点，不能脱离这个基点，否则就会犯错误，甚至犯颠覆性的错误。对这个问题，很多同志在认识上是知道的，但在遇到具体问题时，有些同志会出现‘乱花渐欲迷人眼’的情况，经常会冒出各种主观主义的东西，有时甚至头脑发热、异想天开。有的人喜欢拍脑袋决策、拍胸脯表态，盲目铺摊子、上项目，或者提出一些不切实际的高指标，结果只能是劳民伤财、得不偿失。为什么会出现这样的问题？甚至反复出现这样的问题？从思想根源来看，就是没有做到一切从实际出发。”这深刻启示我们，客观地认识实际是认识事物、分析问题的根本前提，如果违背客观性，一厢情愿盲从主观愿望，就会犯主观主义的错误。

坚持以客观实际为出发点，必须深入研究客观现象、分析客观规律、把握客观要求。习近平总书记在谈到“扎实推进长三角一体化发展”时指出：“不同地区的经济条件、自然条件不均衡是客观存在的，如城市和乡村、平原和山区、产业发展区和生态保护区之间的差异，不能简单、机械地理解均衡性。解决发展不平衡问题，要符合经济规律、自然规律，因地制宜、分类指导，承认客观差异，不能搞一刀切。”深入学习领会习近平总书记的重要论述，我们深刻认识到，发展差距往往是发展空间，解决区域发展不平衡问题，必须从各地实际发展空间入手，决不能在推进工作中出现不顾客观情况而邯郸学步、东施效颦的问题。

坚持发展变化的观点

“变化者，乃天地之自然。”习近平总书记指出：“客观实际不是一成不变的，而是不断发展变化的。”习近平总书记的重要论述深刻阐明了坚持一切从实际出发，必须坚持发展变化的观点，坚持用发展的眼光去看待不断发展变化的客观实际。只有坚持发展变化的观点，才能使我们的主观世界更好符合客观实际，有效推动党和人民事业发展。

习近平总书记要求用发展的眼光看问题。在用发展的眼光看待坚持马克思主义和坚持社会主义上，习近平总书记指出：“坚持马克思主义，坚持社会主义，一定要有发展的观点。我们的事业越前进、越发展，新情况新问题就会越多，面临的风险和挑战就会越多，面对的不可预料的事情就会越多。我们必须增强忧患意识，做到居安思危，懂就是懂，不懂就是不懂；懂了的就努力创造条件去做，不懂的就要抓紧学习研究弄懂，来不得半点含糊。”在用发展的眼光看待社会主义初级阶段基本国情上，习近平总书记指出：“坚持一切从实际出发，既要看到社会主义初级阶段基本国情没有变，也要看到我国经济社会发展每个阶段呈现出来的新特点。我国社会生产力、综合国力、人民生活水平实现了历史性跨越，我国基本国情的内涵不断发生变化，我们面临的国际国内风险、面临的难题也发生了重要变化”“我们要准确把握国际国内环境变化，辩证分析我国经济发展阶段性特征，准确把握我国不同发展阶段的新变化新特点”。在用发展的眼光看待新发展格局上，习近平总书记指出：“我多次讲，要推动形成以国内大循环为主体、国内国际双循环相互促进的新发展格局。这个新发展格局是根据我国发展阶段、环境、条件变化提出来的，是重塑我国国际合作和竞争新优势的战略抉择。近年来，随着外部环境和我国发展所具有的要素禀赋的变化，市场和资源两头在外的国际大循环动能明显减弱，而我国内需潜力不断释放，国内大循环活力日益强劲，客观上有着此消彼长的态势。”在用发展的眼光看待党的先进性上，习近平总书记指出：“党的先进性和党的执政地位都不是一劳永逸、一成不变的，过去先进不等于现在先进，现在先进不等于永远先进；过去拥有不等于现在拥有，现在拥有不等于永远拥有。这是用辩证唯物主义和历史唯物主义观察问题得出的结论。”深入学习领会习近平总书记的重要论述，我们深刻体会到，只有坚持发展变化的观点、坚持发展的眼光，才能让思想跟得上不断变化着的实际，才能掌握事业发展的主动权，下好先手棋、打好主动仗。

坚持普遍联系的观点

“有上则有下，有此则有彼。”万事万物是相互联系、相互依存的。习近平总书记指出：“唯物辩证法认为，事物是普遍联系的，事物及事物各要素相互影响、相互制约，整个世界是相互联系的整体，也是相互作用的系统。”坚持普遍联系的观点，是坚持一切从实际出发的必然要求。习近平总书记高度重视坚持普遍联系的观点，强调：“坚持唯物辩证法，就要从客观事物的内在联系去把握事物，去认识问题、处理问题。”“世界上的事物总是有着这样那样的联系，不能孤立地静止地看待事物发展，否则往往会出现盲人摸象、以偏概全的问题。”深入学习领会习近平总书记的重要论述，我们深刻体会到，坚持普遍联系的观点，从客观事物本身的真实联系去把握事物、认识问题和处理问题，是一种科学思想方法。

习近平总书记高度重视事物的内在联系，通过对内在联系的把握去科学认识事物，指出：“坚持实事求是，就要深入实际了解事物的本来面貌。要透过现象看本质，从零乱的现象中发现事物内部存在的必然联系，从客观事物存在和发展的规律出发，在实践中按照客观规律办事。”习近平总书记在提出一系列原创性的治国理政新理念新思想新战略时，多次强调要从事物的内在联系去认识和把握。比如，关于新发展理念，习近平总书记指出：“坚持创新发展、协调发展、绿色发展、开放发展、共享发展，是关系我国发展全局的一场深刻变革。这五大发展理念相互贯通、相互促进，是具有内在联系的集合体，要统一贯彻，不能顾此失彼，也不能相互替代。”比如，关于党和国家机构职能体系，习近平总书记指出：“党和国家机构职能体系是中国特色社会主义制度的重要组成部分，是由党和国家管理活动各个环节、各个层面、各个领域的相互关系和内在联系构成的有机整体，既有机构层面的，也有职能层面的。”这些重要论述告诉我们，只有切实把握内在联系，才能在工作中真正提高系统集成能力。习近平总书记还强调要注重从宏观总体上全面地把握客观事物。比如，关于了解真实的中国，习近平总书记指出：“了解中国是要花一番功夫的，只看一两个地方是不够的”“了解中国要切忌‘盲人摸象’”。深入学习领会习近平总书记的重要论述，我们深刻体会到，真正做到坚持一切从实际出发，就要既坚持分析基础上的全面综合判断，又坚持综合基础上的深入分析，这样才能在实践中前瞻性思考、全局性谋划、整体性推进党和国家各项事业。

（《人民日报》2023 年 8 月 24 日第 9 版）

大兴务实之风、清廉之风、俭朴之风

郑文涛

通过党内集中学习教育推动全党以自我革命精神解决党风方面的突出问题，是我们党的优良传统，也是统一全党共识、凝聚行动合力的重要举措。党的十八大以来，以习近平同志为核心的党中央接续部署开展党的群众路线教育实践活动、“三严三实”专题教育、“两学一做”学习教育、“不忘初心、牢记使命”主题教育、党史学习教育、学习贯彻习近平新时代中国特色社会主义思想主题教育、党纪学习教育等党内集中教育和经常性教育。人民群众看学习教育是否有成效，最直观的感受是看党风方面存在的问题是否得到有效解决、党员干部作风是否有明显进步。习近平总书记强调：“要大兴务实之风、清廉之风、俭朴之风，发扬自我革命精神，在全党组织开展好集中性纪律教育。”《中共中央办公厅关于巩固拓展学习贯彻习近平新时代中国特色社会主义思想主题教育成果的意见》提出，“大兴务实之风、弘扬清廉之风、养成俭朴之风，以彻底的自我革命精神打扫政治灰尘、净化政治灵魂、纠正行为偏差”。这必将激励我们进一步通过开展学习教育，引导全体党员干部对标党风要求找差距、对表党性要求查根源、对照党纪要求明举措，以永远在路上的坚韧和执着把党的自我革命进行到底，以优良党风政风带动社风民风向上向好。

大兴务实之风，始终保持干事创业的精神状态

“大人不华，君子务实。”注重实干、求真务实，是我们党的优良作风。毛泽东同志强调，共产党“靠实事求是吃饭”，共产党员一定要有“认真实干”的精神。邓小平同志强调：“不干，半点马克思主义也没有。”习近平总书记强调，“要坚持真抓实干、狠抓落实，一切工作都要往实里做、做出实效”。一代代共产党人坚持实事求是的思想路线，求真务实、实干苦干，带领全国人民战胜前进道路上的艰难险阻，以英勇顽强的奋斗使中华民族迎来了从站起来、富起来到强起来的伟大飞跃，中华民族伟大复兴进入了不可逆转的历史进程。

在具体实践中，与务实之风背道而驰的是形形色色的形式主义、官僚主义。形式主义实质是主观主义、功利主义，根源是政绩观错位、责任心缺失；官僚主义实质是脱离群众、脱离实际，根源是官本位思想严重、权力观扭曲。形式主义、官僚主义具有长期性、复杂性，在不同条件下又有新变种、新表现，严重影响党同人民群众的血肉联系。习近平总书记指出：“形式主义、官僚主义是顽瘴痼疾，时有发生、防不胜防，要持续抓、反复抓。”纠治形式主义、官僚主义决不能有松劲歇脚、疲劳厌战的情绪，决不能用形式主义、官僚主义反对形式主义、官僚主义，必须以永远在路上的政治定力，以坚决执着的韧劲和恒心，严抓不放、常抓不懈、久久为功，持续在力戒形式主义、官僚主义上取得实质性进展。

习近平总书记在参加十四届全国人大二次会议江苏代表团审议时强调："要巩固拓展主题教育成果，建立长效机制，坚决纠治形式主义、官僚主义，切实为基层减负，激发全党全社会创造活力，提振党员干部干事创业的精气神。"全体党员干部必须树立和践行正确的政绩观和权力观，把纠治形式主义、官僚主义与勇于担当作为结合起来，把更多时间和精力投入干事创业、狠抓落实上来，把党中央决策部署落到实处，以自身工作的确定性应对形势变化的不确定性。坚持问题导向和目标导向相结合，下大力气解决制约高质量发展问题、群众急难愁盼问题、党的建设突出问题，立足实际常态化抓好整改整治、建章立制，让人民群众切实感受到解决问题的实际成效，拥有实实在在的获得感。践行"四下基层"优良作风，坚持和发展新时代"枫桥经验"，走好新时代群众路线，提高做群众工作的本领，多做打基础、利长远、出实效、创实绩的事，以整治形式主义、官僚主义的实际行动和成效，努力为推动高质量发展提供坚强作风保证。

弘扬清廉之风，始终保持清正廉洁的政治本色

"廉者，政之本也，民之惠也。"清正廉洁是我们党的政治本色，我们党自成立伊始就视腐败为天敌，坚持开展党风廉政建设和反腐败斗争。以什么样的态度对待腐败、以什么样的行动破除腐败，决定着一个政党、一个政权的兴衰成败。中国共产党作为马克思主义政党，除了工人阶级和最广大人民群众的利益，没有自己特殊的利益。百年党史，既是党领导人民进行革命、建设、改革的奋斗发展史，也是一部反对腐败、建设廉洁政治的反腐倡廉史。我们党始终坚守清正廉

洁的政治本色，旗帜鲜明反对腐败，以党永不变质确保红色江山永不变色。

习近平总书记指出：“腐败是党内各种不良因素长期积累、持续发酵的体现，反腐败就是同各种弱化党的先进性、损害党的纯洁性的病原体作斗争。”进入新时代，以习近平同志为核心的党中央开展了史无前例的反腐败斗争，取得压倒性胜利并全面巩固。但也要深刻认识到，形势依然严峻复杂，我们对腐败的顽固性和危害性决不能低估。只要存在腐败问题产生的土壤和条件，反腐倡廉斗争就一刻不能停，容不得丝毫退让妥协。必须始终保持清醒头脑和政治定力，始终保持正视问题的勇气和刀刃向内的坚定，一以贯之坚持严的基调强化正风肃纪，用风清气正赢得人民群众的衷心拥护。

党员干部自身硬首先要自身廉。廉，重在自觉，贵在持久，难在彻底。2023 年 12 月，新修订的《中国共产党纪律处分条例》发布，这是党的十八大以来党中央对这一条例的第三次修订，释放出从严治党越来越严、越往后执纪越严的强烈信号。二十届中央纪委三次全会提出，以学习贯彻新修订的纪律处分条例为契机加强纪律教育，认真开展党纪学习教育，着力解决对党规党纪不上心、不了解、不掌握等问题。2024 年 3 月，习近平总书记在湖南考察时明确指出：“组织开展好党纪学习教育，引导党员干部学纪、知纪、明纪、守纪，督促领导干部树立正确权力观，公正用权、依法用权、为民用权、廉洁用权。”通过在全党组织开展集中性纪律教育，进一步教育引导广大党员干部时刻绷紧纪法规矩这根弦，以廉心守初心、以正气匡风气，保持反躬自省的自觉、如临如履的谨慎、严管严治的担当。党员干部必须始终筑牢思想防线、坚守纪律红线，全面查找廉洁风险点，勤掸“思想尘”、多思“贪欲害”、常破“心中贼”，做到明是非晓荣辱、知敬畏存戒惧、知廉耻守底线，把遵规守纪刻印在心，内化为日用而不觉的言行准则，不断自我净化，永葆清廉本色。

养成俭朴之风，始终保持艰苦奋斗的优良传统

“俭，美德也；禁奢崇俭，美政也。”节俭朴素、力戒奢靡，是我们党的传家宝。毛泽东同志指出：“应该使一切政府工作人员明白，贪污和浪费是极大的犯罪。”习近平总书记强调：“过去我们党靠艰苦奋斗、勤俭节约不断成就伟业，现在我们仍然要用这样的思想来指导工作。”“不论我们国家发展到什么水平，不论人民生活改善到什么地步，艰苦奋斗、勤俭节约的思想永远不能丢。”从土地革命战争时期的红米饭、南瓜汤，到抗日战争时期的“小米加步枪”，老一辈革命家用“延安作风”打败“西安作风”，从新中国成立后的精兵简政、增产节约，到新时代贯彻落实中央八项规定及其实施细则精神，坚决抵制享乐主义和奢靡之风……艰苦奋斗、勤俭节约，不仅是我们党一路走来、发展壮大的重要保证，也是我们党继往开来、再创辉煌的重要保证。

我们必须清醒认识到，作为一个发展中大国，我国仍处于并将长期处于社会主义初级阶段，发展不平衡不充分问题还十分突出。当今世界正面临百年未有之大变局，踏上全面建设社会主义现代化国家新征程，无论是面对资源相对不足的现实国情，还是14亿多人口要整体迈入现代化的宏伟奋斗目标，都决定了我们必须发扬艰苦奋斗精神、坚持勤俭办一切事情。正如习近平总书记所指出的：“现在，我们生活条件好了，但艰苦奋斗的精神一点都不能少，必须坚持以俭修身、以

俭兴业，坚持厉行节约、勤俭办一切事情。”我们任何情况下都要增强过紧日子的自觉，任何时候都不能丢掉过苦日子的作风。

党员干部要真正从思想根源上着力，从内心深处树立尚俭戒奢、艰苦朴素、勤俭节约的意识和行为准则，培育积极健康的生活情趣，从一点一滴做起，从日常生活严起，自觉养成俭朴之风。各级党委和政府要实施全面节约战略，推进各领域节约行动，坚决反对铺张浪费、讲排场比阔气，把有限的资源用在“刀刃”上，用到发展经济和改善民生上来。要大力弘扬中华民族勤俭节约的优良传统，始终牢记由俭入奢易、由奢入俭难，反对奢侈浪费和过度消费，倡导简约适度、绿色低碳的生活方式，使厉行节约、反对浪费在全社会蔚然成风，让艰苦奋斗、勤俭创业精神付诸实践、见诸行动。

党的作风是党的形象，关系人心向背，关系党的生死存亡。作风建设只有进行时，没有完成时。新征程上，我们要以习近平总书记关于党的自我革命的重要思想为指引，时刻保持解决大党独有难题的清醒和坚定，始终保持党同人民群众的血肉联系，大力弘扬务实之风、清廉之风、俭朴之风，以优良作风振奋精神、激发斗志、树立形象、赢得民心，不断厚植党执政的政治基础和群众基础，为以中国式现代化全面推进强国建设、民族复兴伟业汇聚起亿万民众团结奋进的磅礴伟力。

（《光明日报》2024 年 7 月 18 日第 6 版）

做足做实调查研究基本功

吴怀友

党的二十届三中全会通过的《中共中央关于进一步全面深化改革、推进中国式现代化的决定》（以下简称《决定》）紧扣推进中国式现代化这一重大主题，锚定继续完善和发展中国特色社会主义制度、推进国家治理体系和治理能力现代化的总目标，总结运用改革开放以来特别是新时代全面深化改革的宝贵经验，深入分析推进中国式现代化面临的新形势新要求，擘画了进一步全面深化改革、推进中国式现代化的宏伟蓝图。深入贯彻落实党的二十届三中全会精神，坚定改革攻坚信心、把准改革攻坚方向、强化改革攻坚责任、汇聚改革攻坚合力，推动各项重大改革举措精准落地见效，必须运用好调查研究这个重要传家宝，做足做实调查研究基本功。

调查研究是中国共产党的优良传统

重视调查研究，是坚持马克思主义辩证唯物主义、历史唯物主义世界观和方法论的必然要求，是坚持党的实事求是思想路线和党的群众路线的必然要求。习近平总书记指出："调查研究是我们党的传家宝，是做好各项工作的基本功。"只有始终坚持和加强调查研究，才能真正做到一切从实际出发、理论联系实际、密切联系群众，从根本上保证党的路线方针政策和各项决策的正确制定与贯彻落实。

重视调查研究是中国共产党的优良传统。新民主主义革命时期，中国共产党对中国社会性质和基本国情的认识、马克思主义与工农运动的结合、中国特色革命道路的探索、新民主主义革命路线方针政策的制定等，都是以调查研究开路、调查研究破局的。社会主义革命和建设时期，过渡时期总路线的形成、适合国情实际的社会主义制度的确立等，无不建立在调查研究的基础之上。改革开放和社会主义现代化建设新时期，对什么是社会主义的再认识、作出改革开放的重大战略决策、形成社会主义初级阶段的基本理论和基本路线、确立社会主义市场经济体制的改革目标和基本框架、加入世界贸易组织、加强和改进执政党建设、明确全面建设小康社会的目标任务和监测指标、构建社会主义和谐社会、扎实推进社会主义新农村建设等，都是以调查研究为基础和前提的。

政策和策略是党的生命。领导工作的首要职责是了解和掌握实情、制定和实施政策。正确的政策和策略，不可能来自坐在房子里冥思苦想出来的"办法"，也不可能是粗枝大叶的书面报告里写着的东西，更不可能出自照抄照搬外来的现成经验和做法，只能来源于社会实践，来源于科学的调查研究。不做正确的调查研究就没有发言权，更没有决策权。系统周密的调查研究，是明了情况、正确决策的基础。因为调查研究的过程，就是发现问题、制定对策、解决问题的过程，就是坚持一切从实际出发、理论联系实际、实事求是的过程，就是贯彻群众路线、虚心向群众学习、始终保持同人民群众血肉联系的过程，就是改进领导作风和工作方法、敢于修正错误、强化责任担当的过程，就是防止和克服教条主义、主观主义、官僚主义的过程。可见，调查研究是做好领导工作的基本功。

深入调查研究是新时代全面深化改革的宝贵经验

“调查研究是谋事之基、成事之道。”这是习近平总书记对调查研究价值意蕴的深刻揭示和崭新概括。新时代初始，中共中央政治局召开会议审议关于改进工作作风、密切联系群众的八项规定，指出要改进调查研究，切忌走过场、搞形式主义，强调各级党政机关和领导干部要坚持以人为本、执政为民，带头改进工作作风，带头深入基层调查研究，带头密切联系群众，带头解决实际问题。习近平总书记率先垂范，轻车简从到广东考察工作，强调“在深入调查研究的基础上提出全面深化改革的顶层设计和总体规划”。

党中央作出重大改革决策、制定重要改革文件，都坚持全面深入的调查研究。例如，为系统谋划和整体推进全面深化改革，党的十八届三中全会文件起草组在近 7 个月时间里，广泛征求意见，开展专题论证，深入调查研究，反复讨论修改。在广泛深入调查研究基础上形成的《中共中央关于全面深化改革若干重大问题的决定》，对新时代全面深化改革作出了顶层设计和总体规划，开创了我国改革开放全新局面。

又如，为研究、确定全面依法治国的思路和重大举措，文件起草组成立 8 个调研组分赴 14 个省区市实地调研，中央政治局常委会召开 3 次会议、中央政治局召开 2 次会议分别审议全会决定，并将决定征求意见稿下发党内一定范围征求意见，包括征求党内老同志意见，还专门听取各民主党派中央、全国工商联负责人和无党派人士意见。《中共中央关于全面推进依法治国若干重大问题的决定》为全面深化改革、加快推进社会主义法治国家建设提供有力保障。

再如，2017 年下半年开始，中央全面深化改革领导小组牵头就党和国家机构改革进行调研。中央改革办、中央编办组成 10 个调研组，分赴 31 个省区市、71 个中央和国家机关部门，当面听取 139 位省部级主要负责同志的意见和建议；共向 657 个市县的 1197 位党委和政府主要负责同志个人发放调研问卷，收集 31 个省份深化地方机构改革调研报告。文件起草组深入开展专题研究论证，广泛吸收调研成果，反复讨论修改，形成了《中共中央关于深化党和国家机构改革的决定》和《深化党和国家机构改革方案》。

还如，党的二十届三中全会通过的《决定》，同样是在深入调查研究、广泛发扬民主的基础上形成的。2023 年 12 月 8 日，文件起草组召开第一次全体会议，文件起草工作正式启动。在 7 个多月时间里，文件起草组深入调查研究，广泛征求意见，开展专题论证，反复讨论修改。在起草工作过程中，中央政治局常委会召开 3 次会议、中央政治局召开 2 次会议进行审议、修改，形成了提请全会审议的决定稿。

不仅如此，深化军队改革和建设、推进教育科技体制改革、打好三大攻坚战、完善社会治理等重大政策的出台及其施行，都离不开全面深入的调查研究。把调查研究贯穿改革实施全过程，是新时代全面深化改革的宝贵经验。

调查研究是推动重大改革举措落地落实的有效途径

习近平总书记指出，“正确的决策离不开调查研究，正确的贯彻落实同样也离不开调查研究”。《决定》锚定 2035 年基本实现社会主义现代化目标，明确了未来五年进一步全面深化改革的基本原则，提出一系列重大改革举措。做好进一步全面深化改革工作，推动各项重大改革举措落地、落细、落实，必须积极响应习近平总书记关于在全党大兴调查研究之风的号召，深入开展调查研究。

调查研究的过程就是摸清情况、精准施策的过程。科学的调查研究不仅是正确决策的必要前提，而且是精准施策的坚实基础。做好进一步全面深化改革工作，就要把《决定》作出的各项重大战略举措转化、细化为有操作性的具体政策和策略。为此，必须做系统翔实的调查研究，把各领域、各方面、各地区乃至各部门、各单位的真实情况摸清、摸准、摸细、摸透，真正做到一切从具体实际出发，因地制宜，因事制宜，因人制宜，精准施策。

调查研究的过程就是汇聚民智、凝聚民力的过程。人民群众是历史的创造者，是真正的英雄。他们对本地区、本行业、本单位的实际情况最熟悉最了解，蕴藏着改革发展的无穷智慧和力量。推动进一步全面深化改革走深走实，唯有放下架子、扑下身子，深入基层、深入群众、深入实际，真诚倾听群众呼声、真实反映群众意愿、真情关心群众疾苦，自觉拜人民为师，虚心向人民请教，坚持一切为了群众、一切依靠群众，从群众中来、到群众中去，才能凝聚改革共识、汇聚改革合力，使改革的正确主张转化为最广大人民群众的自觉行动。

调查研究的过程就是发现问题、攻坚克难的过程。调查研究旨在发现问题、研究问题和解决问题，把握事物的本质和规律。调查研究就是要奔着问题去，实行问题大梳理、难题大排查，着力打通进一步全面深化改革进程中的卡点、堵点。各级领导干部应练好调查研究基本功，在调研过程中发扬斗争精神，增强斗争本领，勇于涉险滩、破难题，知难而进、迎难而上，把调研成果转化为推进改革、战胜困难的实际成效。

调查研究的过程就是督促落实、跟踪问效的过程。正确的政策方针制定之后，干部就是决定因素。做好进一步全面深化改革工作，贯彻落实各项重大改革举措，光靠从会议到会议、从文件到文件，是解决不了问题的。领导干部要在抓好督促落实上下功夫，建立调研成果转化运用清单，加强对调研课题完成情况、实施情况、问题解决情况的督查督办，对实施过程进行跟踪问效，定期对调研对象和解决问题等事项进行回访，及时对成功经验进行总结，对发现的问题进行整改。

总之，只有对客观实际情况进行深入了解和分析研究，把事情的真相和全貌调查清楚，把解决问题的思想和对策研究透彻，才能做到心中有数，制定的政策措施才能具有较强可操作性，才能为做好进一步全面深化改革各项具体工作提供有效方法和可靠保障。

（《光明日报》2025 年 1 月 20 日第 6 版）

实事求是就是最大的党性

赵国良

在中央党校校园里，矗立着一座石碑，上面镌刻着四个大字——实事求是。这是毛泽东为中央党校题写的校训。无数党校学员在这所大熔炉中受锤炼、受熏陶、受教育。习近平总书记指出：“坚持从实际出发、实事求是，不只是思想方法问题，也是党性强不强问题。从当前干部队伍实际看，坚持实事求是最需要解决的是党性问题。干部是不是实事求是可以从很多方面来看，最根本的要看是不是讲真话、讲实话，是不是干实事、求实效。年轻干部要坚持以党性立身做事，把说老实话、办老实事、做老实人作为党性修养和锻炼的重要内容，敢于坚持真理，善于独立思考，坚持求真务实。”这就要求我们把实事求是贯通于从党员干部思想修养、政治自觉到行为养成的各个环节，贯穿党性锻炼全过程，以实事求是行为政之道，牢固树立和践行正确政绩观，把为民造福作为最大政绩，把为群众做了多少好事实事作为检验政绩的标准，不慕虚荣、不务虚功、不图虚名，真正把实事求是这一最大的党性体现出来。

实事求是是中国共产党人认识世界、改造世界的根本要求，是我们党的基本思想方法、工作方法、领导方法。实事求是是无产阶级世界观的基础，也是马克思主义的思想基础和思想精髓。作为马克思主义的坚定信仰者，如何对待马克思主义，如何将马克思主义基本原理同中国具体实际相结合、同中华优秀传统文化相结合，也就是如何以科学理论指导和解决实际问题，这是党性修养的首要任务。在中国共产党的建设史中，如何对待马克思主义，存在着两种态度：一种是主观主义的态度，一种是马克思列宁主义的态度，也就是实事求是的态度。毛泽东强调，实事求是的态度，就是党性的表现，就是理论和实际统一的马克思列宁主义的作风。这是一个共产党员起码应该具备的态度。毛泽东善于运用实事求是来分析解决中国革命建设实践问题。他曾经讲："共产党不靠吓人吃饭，而是靠马克思列宁主义的真理吃饭，靠实事求是吃饭，靠科学吃饭。"党的十八大以来，习近平总书记多次对为什么要坚持实事求是、怎样坚持实事求是等问题作出深刻论述，明确指出，实事求是，是马克思主义的根本观点，是中国共产党人认识世界、改造世界的根本要求，是我们党的基本思想方法、工作方法、领导方法。不论过去、现在和将来，我们都要坚持一切从实际出发，理论联系实际，在实践中检验真理和发展真理。

坚持实事求是最需要解决的是党性问题。理论上的成熟是政治上成熟的标志。在实践工作中，一些党员干部主观上认为对党忠诚，但工作态度和方法上自以为是、粗枝大叶，造成实际成效上的事与愿违。1941 年 8 月，毛泽东在给中央起草的《中共中央关于调查研究的决定》中指出，粗枝大叶、自以为是的主观主义作风，就是党性不纯的第一个表现；而实事求是，理论与实际密切联系，则是一个党性坚强的党员的起码态度。要有光明磊落、无私无畏、以事实为依据、敢于说出事实真相的勇气和正气，及时发现和纠正思想认识上的偏差、决策中的失误、工作中的缺点，及时发现和解决存在的各种矛盾和问题，使我们的思想和行动更加符合客观规律、符合时代要求、符合人民愿望。

坚持实事求是是正确贯彻落实党的路线方针政策的本质要求。坚持一切从实际出发，是我们想问题、作决策、办事情的出发点和落脚点。坚持从实际出发，前提是深入实际、了解实际，只有这样才能做到实事求是。没有调查就没有发言权，没有调查也没有决策权。邓小平在擘画改革开放的大局时，明确指出，思想路线“是确定政治路线的基础”，“不解决思想路线问题，不解放思想，正确的政治路线就制定不出来，制定了也贯彻不下去”。习近平总书记要求：“实践反复证明，能不能做到实事求是，是党和国家各项工作成败的关键。全党同志一定要把实事求是贯穿到各项工作中去，经常、广泛、深入开展调查研究，努力把真实情况掌握得更多一些、把客观规律认识得更透一些，为协调推进‘四个全面’战略布局打下扎实的工作基础。”党员、干部要坚持以党性立身做事，把心思和精力用在工作上，敢于坚持真理、修正错误，做到用心谋事、潜心干事、恒心成事。坚持大兴调查研究之风，无论是想问题、搞研究，还是作决策、办事情，都要坚持把调查研究这个功课做足做实，作为我们的谋事之基、成事之道。

坚持实事求是，就要有为了人民利益坚持真理、修正错误的勇气。共产党人必须随时准备坚持真理，因为任何真理都是符合于人民利益的；共产党人必须随时准备修正错误，因为任何错误都是不符合于人民利益的。年轻干部要坚持以党性立身做事，这个立场，就是坚定的马克思主义的立场，以人民为中心的立场，是我们党基于实事求是这个最大的党性不断总结出来的。增强党性，就要不断强化党的意识，始终牢记自己的第一身份是共产党员，第一职责是为党工作，树立正确的权力观、政绩观、事业观，在本职岗位上积极工作、不懈奋斗。始终保持共产党人先进性纯洁性的政治本色，自觉做党的创新理论的笃信笃行者、自觉做对党忠诚老实的模范践行者、自觉做矢志为民造福的无私奉献者、自觉做勇于担当作为的不懈奋斗者、自觉做良好政治生态的有力促进者，以实事求是这个最大的党性，保障新征程以中国式现代化全面推进中华民族伟大复兴这个党的中心任务的实现。

（《学习时报》2024 年 7 月 1 日第 3 版）

从实际出发制定改革举措

李静丽

习近平总书记指出，各地区各部门要紧密结合实际，因地制宜，主动作为，找准自身面临的主要矛盾和矛盾的主要方面，制定切合实际的具体改革举措，防止照抄照搬、上下一般粗。切合实际，就是坚持一切从实际出发，把解决实际问题作为制定改革方案的出发点。

坚持一切从实际出发，是我们想问题、作决策、办事情的出发点和落脚点。中国共产党从弱小走向强大、不断创造辉煌的一个重要方法就是实事求是、坚持一切从实际出发。从农村包围城市、武装夺取政权革命道路的确立，到改革开放大幕的拉开，再到围绕中国式现代化进一步全面深化改革总体部署的提出，一切从实际出发是我们党在长期的革命、建设、改革实践中确立的思想路线，是在强国建设、民族复兴的新征程上，解决新时代改革开放和社会主义现代化建设实际问题，回答中国之问、世界之问、人民之问、时代之问的重要方法论基础。当代中国最大的客观实际就是我国仍处于并将长期处于社会主义初级阶段，这是我们认识当下、规划未来、制定政策、推进事业的客观基点。

制定切合实际的具体改革举措，必须深入研究客观现象、分析客观规律、把握客观要求。不同地区在资源禀赋、区位优势、生态环境、发展条件、发展水平等方面存在一定的差别。党的十八大以来，在党中央制定实施的一系列重大战略和政策举措的推动下，各区域协调发展迈出坚实步伐、取得明显成效。但同时也要看到，区域发展不平衡不充分的问题依然存在，各地区面临的短板和问题各不相同，区域发展改革任务依然十分艰巨。各地区各部门只有坚持全国一盘棋，立足实际、发挥本地区本部门的比较优势，才能找到适合自身的发展路径。

在深入实际的调查研究中了解和掌握群众的所思所盼，找到改进工作的思路举措。没有调查，就没有发言权。我国社会主要矛盾已经转化为人民日益增长的美好生活需要和不平衡不充分的发展之间的矛盾，不同地区、不同年龄和不同群体的人民群众，需求的种类和层次同样存在较大差别，精准识别不同人群的生活需求，因需施策、有的放矢，不仅考验着社会治理水平，而且对制定具体的改革举措提出了更高要求。只有把这些需求和差异把握准了，制定的政策才更有针对性。因地制宜、因时制宜，防止照抄照搬、上下一般粗，是新阶段进一步全面深化改革、推进中国式现代化的现实要求。

抓改革、促发展，繁重的任务在地方，基本的抓手也在地方。制定切合实际的具体改革举措，不仅要有战略的眼光，找准地方在全国大局中的战略定位，还要树立全国一盘棋的思想，把地区和部门的工作融入党和国家事业的大局。既要开展广泛的调查研究，摸清楚、盘透彻地方的实际情况，通过调查问卷、协商议事、网络问政等多种渠道，深入细致地了解地方实际和存在的问题，把“问题清单”转化为“改革清单”，还要全面发掘地区改革的潜能和优势，做到心中有数、知根知底，让改革举措体现地方特色，切忌“什么热门就干什么”“一味讲求大而全”。基层情况千差万别，再科学合理的顶层设计，在推行过程中都可能会出现“水土不服”。因此，必须眼睛向下、脚步向下，深入村居社区、融入民生日常，查找改革发展的短板与弱项。在对标党中央改革决策部署、逐项研究落实中，努力做到改革的先行突破，紧密结合实际，谋划具有原创性、差异化的改革举措，以道不变、志不改的强大定力和敢创新、勇攻坚的锐气胆魄，做好调研成果转化运用的“后半篇文章”。

改革是由问题倒逼而产生，又在不断解决问题中得以深化。随着中国式现代化进程的深入推进，我国经济社会发展面临的矛盾和问题越来越复杂，改革面对的风险挑战越来越多。我们只有准确识变、科学应变、主动求变，准确理解进一步全面深化改革的背景、内涵、重点、节点，把解决实际问题作为制定改革方案的出发点，把关系经济社会发展全局的改革、涉及重大制度创新的改革、有利于提升群众获得感的改革放在突出位置，才能推出真正管用、符合实际的改革方案。人民是历史的创造者，也是全面深化改革的决定性力量。要从老百姓急难愁盼的问题入手，找准改革的发力点和突破口，从解决人民群众最关心最直接最现实的利益问题入手，深入推进收入分配、就业、教育、社会保障、医疗卫生、养老托幼、基层治理等民生领域改革，促进社会公平正义、增进人民福祉。

改革千头万绪，其成效如何，关键要看给人民群众办成了多少事，解决了多少实际问题。在制定具体的改革举措时，要把人民满意不满意作为评判改革成效的根本标准，问效于民，真正做到改革为了人民、改革依靠人民、改革成果由人民共享，让改革举措更加可感可及。推进改革的根本目的是让国家变得更加富强、让社会变得更加公平正义、让人民生活得更加美好。在进一步全面深化改革中，既要吃透中央制定的重点改革方案，不断完善落实机制，又要深入基层，从具体问题入手，使改革举措更加精准地对接发展所需、基层所盼、民心所向。

（《学习时报》2024 年 10 月 28 日第 3 版）

坚定扛牢“走在前、挑大梁”使命担当

林 武

在中央经济工作会议上，习近平总书记发表重要讲话，立足“两个大局”，深入分析形势，科学确定目标，明确政策取向，系统阐述一系列重大理论和实践问题，充分体现了以习近平同志为核心的党中央驾驭复杂局面的高超智慧和卓越领导水平，体现了对经济发展规律的深刻洞察和精准把握，丰富发展了习近平经济思想，为我们提供了科学指引和根本遵循。2024 年 5 月，习近平总书记再次亲临山东考察指导，发表重要讲话、作出重要指示，赋予山东“走在前、挑大梁”的使命担当。我们牢记嘱托、感恩奋进，切实把习近平总书记考察山东重要讲话精神和中央经济工作会议精神贯彻到山东改革发展的全过程各方面，高质量做好各项工作，全力推动经济社会平稳健康发展，真正干出“走在前”的样子，干出“挑大梁”的担当。

深刻领会和把握中央经济工作会议精神

这次中央经济工作会议，内涵丰富、立意深远。会后山东省委第一时间召开省委常委会扩大会议、省委经济工作会议，及时传达学习，研究贯彻措施，强调要在深学细悟上下功夫，自觉把学习贯彻中央经济工作会议精神与学习贯彻党的二十大和二十届二中、三中全会精神结合起来，与学习贯彻习近平总书记考察山东重要讲话精神结合起来，一体抓好落实落地。

学习好、贯彻好、落实好中央经济工作会议精神，必须深刻领会和把握我国经济社会发展取得的重大成就，充分认识一年来取得的成就极为不易，习近平总书记、党中央是风雨来袭时的“定海神针”、是战胜一切困难挑战的“主心骨”，必须坚定沿着习近平总书记、党中央指引的方向前进；深刻领会和把握党中央对国内外形势的科学研判，充分认识面临的形势，既要看到困难和挑战，又要看到机遇和有利条件，切实深化对“五个必须统筹”的规律性认识，坚定做好工作的信心决心；深刻领会和把握 2025 年经济工作的总体要求和政策取向，充分认识实施更加积极的财政政策和适度宽松的货币政策、打好政策“组合拳”的内涵要义，坚持稳中求进、以进促稳，守正创新、先立后破，系统集成、协同配合，切实增强工作的前瞻性、针对性和有效性；深刻领会和把握 2025 年经济工作的重点任务，充分认识 9 个方面重点工作抓住了当前经济社会发展的要害和关键，必须紧密结合实际，找准工作的着力点和主攻方向，一项一项抓推进、抓落实；深刻领会和把握加强党对经济工作领导的重要要求，充分认识党中央集中统一领导是做好经济工作的根本保证，更加自觉地强化正向激励、惩治腐败、求真务实、统筹发展和安全、增强协同联动、加强预期管理，凝聚经济社会发展强大合力。

坚定扛牢经济大省责任担当

习近平总书记强调，经济大省要勇挑大梁，更好发挥带动和支柱作用。在当前严峻复杂的形势下，我们一定要坚定信心、鼓足干劲，继续发挥好经济大省挑大梁作用，努力为全国大局多作贡献。

信心来自坚实的发展基础。2024年，山东省坚定扛牢“走在前、挑大梁”使命担当，大力实施工业经济“头号工程”，深入推进“三个十大”行动，着力塑造“十个新优势”，统筹推进稳增长、提质效、推改革、防风险、惠民生，全省经济稳健向好、进中提质，经济运行总体平稳，地区生产总值、规上工业增加值、固定资产投资、社会消费品零售总额、社会融资规模等主要指标增速好于全国平均水平、在经济大省中位居前列，“挑大梁”作用更加彰显，高质量发展迈出坚实步伐。

信心来自难得的发展机遇。当前，山东经济发展的有利条件和积极因素正在加快集聚：党中央作出一系列重大决策部署，特别是提出实施更加积极的财政政策和适度宽松的货币政策，打好政策“组合拳”，将持续提振社会预期和信心；党的二十届三中全会部署的300多项重要改革举措和山东确定的414项改革事项加速落地，将充分激发发展活力；黄河重大国家战略纵深推进，高能级开放平台赋能加力，山东对外开放的腹地更加广阔；绿色低碳高质量发展先行区加快建设，新旧发展动能接续转换，产业转型取得积极进展，发展后劲持续增强；经过主题教育和党纪学习教育淬炼洗礼，广大党员干部精气神有力提振，干事创业热情更加高涨。

信心来自科学的发展思路。山东省委坚定贯彻习近平总书记重要讲话精神，对 2025 年全省经济社会发展进行科学谋划，提出了“六个着力”的关键抓手，即着力提振消费、提高投资效益，着力推动科技创新与产业创新融合发展，着力推进区域协调、城乡融合、陆海统筹，着力保障和改善民生，着力防范化解重点领域风险和外部冲击，着力优化环境、稳定预期、激发活力。明确了“六个注重”的指导原则：注重有效市场与有为政府两手发力，注重优供给与扩需求互促共进，注重新旧发展动能转换与绿色低碳高质量发展接续推进，注重做优增量与盘活存量有机结合，注重提升质量与做大总量一体考量，注重促进发展与守牢底线系统施策。确定了提振消费提高投资效益、因地制宜发展新质生产力、推进重点领域改革落地、统筹推进乡村全面振兴和新型城镇化、大力发展民营经济培优育强经营主体等十个方面重点任务。只要我们落实好党中央决策部署，落实好这些重点任务，就一定能够持续推动经济稳健向好、进中提质，切实发挥经济大省挑大梁作用。

聚力塑强高质量发展新优势

习近平总书记强调，“必须把坚持高质量发展作为新时代的硬道理”。对山东来说，就是要聚焦经济发展重点领域，更快更好地破解发展难题，以自身工作的确定性应对形势变化的不确定性，以工作实绩创造更加光明的前景。

聚焦提振消费、提高投资效益持续用力。在当前外部环境更加复杂多变的形势下，扩大内需既是应对外部冲击的有效途径，也是增强战略主动的长久之策。一方面，我们将系统施策促消费，充分发挥山东人口“双过亿”市场优势，深入实施提振消费行动，创新多元化消费场景，积极发展首发经济、银发经济和个性化定制消费。扩大文旅消费，打响“沿着黄河遇见海”文旅品牌，推出“跟着孔子研学游”精品文化旅游路线，持续办好国际孔子文化节等文化节会。加快发展平台经济，积极打造体育、赛事、演艺、国潮、邮轮、电竞等消费新场景。另一方面，我们要多措并举扩投资，全面推进省市县三级重点项目建设，突出抓好 2000 个省级重点项目，加快建设京沪二通道、雄商等高铁和临沂至滕州等高速公路；推进太平、官路、双堠等大型水库项目建设，开工黄山水利枢纽等工程；改造一批老旧住房、小区、街区和城市基础设施等民生工程。推行“市场 + 资源 + 应用场景”招商新模式，持续办好“选择山东”等活动，抓好专项债券项目“自审自发”试点落地，推进开发区整合优化，加大高水平资源要素供给，确保投资规模有新的提升。

聚焦因地制宜发展新质生产力持续用力。习近平总书记指出，山东在发展新质生产力上大有可为。我们将充分发挥科技创新引领作用，深入实施工业经济“头号工程”，加快建设现代化产业体系。更大力度统筹推进传统产业改造提升、新兴产业培育壮大、未来产业超前布局。抓好齐鲁石化鲁油鲁炼等项目建设，争取一批项目纳入国家规划，推动石化产业从单一炼油向炼化一体化转型升级，积极运用数字技术、绿色技术改造提升传统产业。纵深推进新兴产业跨越提升工程，深入实施未来产业培育计划，高标准建设一批未来产业先导区。开展产业链突破工程，整合建立 18 条标志性产业链和 66 条重点产业链。强化多业支撑，放大产业体系完备的优势。更大力度提升服务业贡献度，加快发展高端服务业，实施一批信息服务业重点项目，大力发展内河航运、多式联运，健全多层次金融服务体系，积极构建房地产发展新模式，多措并举促进房地产市场止跌回稳。更大力度推进科技创新与产业创新融合发展，加强基础研究和关键核心技术攻关，争创国家区域科技创新中心，实施创新型企业梯度培育计划，高标准建强用好山东科技大市场。

聚焦深化改革扩大开放持续用力。习近平总书记要求山东“在进一步全面深化改革上当好排头兵”“打造高水平对外开放新高地”。我们将坚持以改革破难题、以开放激活力，在深化改革开放上塑造新优势。深化重点领域改革，坚持以经济体制改革为牵引，打好国企改革深化提升行动收官战，推进战略性重组和专业化整合；深入推进人才链、教育链、产业链、创新链融合发展，深化科技计划管理、职务科技成果赋权等改革；完善涉企服务、诉求快办等机制，推动“高效办成一件事”全覆盖。深化高水平对外开放，深度融入共建“一带一路”，加快构建国际物流大通道。对标国际高标准经贸规则，在金融开放、数字经济等领域先行先试，加快建设制度型开放示范区；积极应对中美贸易新的形势变化，巩固传统市场，拓展南美、东欧、中亚、非洲等新兴市场，打造跨境电商产业带，加密公共海外仓建设，促进外贸外资稳量提质。积极优化国际经贸合作环境，深化跨境贸易便利化提升行动，规范引导企业“出海”。

聚焦落实国家重大战略持续用力。山东是唯一沿黄达海省份，黄河流域生态保护和高质量发展、海洋强国、乡村振兴等多重国家战略在这里交汇叠加，区位优势十分明显。这也就要求我们抢抓机遇，大力推动区域协调发展，增强区域发展活力。积极服务融入国家区域重大战略，纵深推进黄河重大国家战略，深度对接京津冀、长三角，加强与中部地区、东北地区、粤港澳大湾区等战略协作，推动一批重大合作事项落地。同时，在省内加快构建“两圈联动、三核引领、陆海统筹、全面发力”发展格局。高质量推动城乡融合发展。坚定扛牢粮食大省责任，严守耕地红线，打造“德聊吨半粮”等单产提升六大引领区，建设更高水平“齐鲁粮仓”，挖掘设施农业、畜牧业、盐碱地等生产潜力，深化示范片区建设，统筹农村基础设施和公共服务提升，建设宜居宜业和美乡村。加快推进新型城镇化，推动长期在城镇生活的农民工等重点群体全面融入城镇，加快推进城中村和危旧房改造，推动新型城市基础设施建设，建立可持续的城市更新模式，打造宜居、韧性、智慧城市。强化陆海统筹，做强海洋渔业、海洋化工、船舶与海工装备等优势产业，加快发展海洋生物医药、海洋新能源等高成长性产业，深化港产城融合，完善内陆港布局，打造世界级海洋港口群，加快建设沿黄陆海大通道。

聚焦经济社会绿色转型持续用力。2025 年是山东加快经济社会全面绿色转型的重要一年。我们将以建设美丽中国先行区为引领，协同推进降碳减污扩绿增长。持续推进新型能源体系建设，新开工一批核电、陆上风电、海上风电、光伏等项目，推动实施抽水蓄能、压缩空气储能项目，开展源网荷储一体化试点。加快煤电机组“三改联动”，关停退出低效小煤电机组，推进跨区供热、核能供暖。持续推动能耗双控向碳排放双控转变，加快建立行业碳管控、项目碳评价、产品碳足迹等制度机制，推动建立国际零碳岛屿合作组织。深入实施节能降碳专项行动，建设一批零碳园区，探索近零能耗、近零碳建筑建设模式。持续深入推进蓝天碧水净土保卫战，抓实重点行业企业环保绩效提级，做好重污染天气差异化应急管控，开展水质保障专项行动，加强土壤污染源头防控，推进“无废城市”建设，高标准建设黄河口国家公园。

聚焦改善民生守牢底线持续用力。解决好民生和安全领域突出问题，既能增进民生福祉，又能激发内需潜力，必须牢牢记在心上、抓在手上。我们将滚动实施20项重点民生实事，围绕高质量充分就业提升老百姓获得感，实施重点领域、重点行业、城乡基层和中小微企业就业支持计划，做好高校毕业生、农民工、就业困难人员等重点人群就业工作，加强灵活就业和新就业形态劳动者权益保障。围绕高品质生活提升老百姓幸福感，加快教育扩优提质，落实好逐步扩大免费教育覆盖范围要求；加快建设国家区域医疗中心项目，实施医疗卫生强基工程；完善养老托育服务体系，健全生育支持政策，织密扎牢社会保障网，分层分类做好社会救助帮扶。围绕高水平安全提升老百姓安全感，有效防范化解地方债务、房地产、中小金融机构等重点领域风险，毫不松懈抓好安全生产，高度重视社会稳定，统筹抓好意识形态、网络、食品药品安全等工作，建设更高水平平安山东。

汇聚高质量发展强大合力

中央经济工作会议上，习近平总书记进一步强调，“坚持干字当头，增强信心、迎难而上、奋发有为”，给我们以深刻教育指导。当前，各层面各领域工作都面临不少深层次矛盾和新的困难问题，要求我们必须着力在干上下功夫，对确定的重点任务抓紧干，在攻坚克难上真抓实干，干出一流业绩，确保一季度实现良好开局，顺利完成全年任务目标，实现“十四五”圆满收官，为长远发展奠定坚实基础。

坚持对标对表。我们开展任何工作，都坚持自觉同习近平总书记、党中央对标对表。从当前讲，关键是吃准吃透中央经济工作会议精神，切实做到政策把握到位，增强工作的前瞻性、针对性和有效性，用足用好政策机遇；任务明确到位，实现权责清晰、责任可追溯，推动各项部署落地见效；措施落实到位，扎实开展取向一致性评估，逐一制定时间表、路线图，确保步步推进、序时有度。

坚持实事求是。我们制定切实可行的发展举措，关键是从实际出发，聚焦优势、扬长避短。对各项重点工作，无论是因地制宜发展新质生产力、深化重点领域改革，还是扩大高水平对外开放、推进乡村全面振兴，都坚持尊重和顺应发展规律，根据自身情况和特点，找准主要矛盾和矛盾的主要方面，采取符合自身实际的办法和措施来推动发展。

坚持系统观念。当前，发展面临的“一难两难多难”“既要又要还要”问题越来越多，只有坚持系统观念，强化各方面工作统筹，才能在多重目标中寻求动态平衡、实现效益最大化。我们将强化统筹兼顾意识，善于“十个手指弹钢琴”，把握好各项工作的关联性、协同性，加强工作联动协同，提高统筹施策能力，特别在推进重大事项、化解重大矛盾过程中，分清轻重缓急，讲求时机力度，掌握工作主动。

坚持改革创新。完成好2025年经济工作，不可能轻轻松松，必然面临诸多困难挑战，没有改革的劲头、创新的办法，就难以啃下“硬骨头”。必须结合当前实际，针对制约高质量发展的深层次障碍，着力破解市场堵点、群众痛点和社会难点问题。比如，对民营企业反映集中的隐性壁垒、账款拖欠等突出问题，我们将加强政策支持和优化监管服务，持续清理妨碍公平竞争的政策措施，更好服务和融入全国统一大市场，防止“内卷式”竞争。

坚持依法办事。对党员干部来说，必须带头依法办事、重信守诺，营造亲商安商的良好氛围。我们将自觉学法用法，切实提升法治素养，坚持“法定职责必须为、法无授权不可为”，依法合理高效决策，重大行政决策必须严格遵循程序，确保可追溯、可穿透。严格规范执法行为，大力提升行政执法质量，集中整治乱罚款、乱检查、乱查封和跨区域趋利性执法，防止和纠正利用行政或刑事手段干预经济纠纷，依法保护民营企业产权和企业家权益。

（《学习时报》2025年1月8日第1版）

弘扬求真务实作风
当好中国式现代化建设行动派实干家

王成国

2004年春节后的第一个工作日，时任浙江省委书记的习近平同志在省委理论学习中心组新年第一次专题学习会上为全省党员干部送出了四副春联。这四副春联横批都是“求真务实”，上下联分别是“求客观实际之真，务执政为民之实”，“深化理论武装求真谛，深入调查研究重实际”，“狠抓工作落实动真格，加快浙江发展务实效”，“高度关注民生系真情，坚持为民谋利出实招”，言简意赅、字字珠玑，个中深意历久弥新。在以中国式现代化全面推进强国建设、民族复兴伟业的关键时期，只有大兴求真务实之风，才能继续保持爬坡过坎、闯关夺隘的战略定力，高质量完成改革发展稳定任务，向人民交出满意答卷。

坚持和运用马克思主义世界观和方法论的典范

这四副春联蕴含着“求真务实”怎么看、怎么干、为了谁的深层逻辑，系统阐述了求真务实的深刻内涵、主要途径、基本要求和根本目的，既有世界观，又有方法论，凝结着一个马克思主义者深邃的哲学思考，展现了马克思主义哲学的真理魅力。

辩证唯物主义与历史唯物主义的集中体现。这四副春联自始至终贯穿一条主线，就是马克思主义基本立场、基本观点和基本方法。“求客观实际之真，务执政为民之实”回答了求什么真、务什么实的问题，体现了认识论要求；“深化理论武装求真谛，深入调查研究重实际”回答了怎么求真、怎么务实的问题，体现了方法论要求；“狠抓工作落实动真格，加快浙江发展务实效”回答了如何做到求真、做到务实问题，体现了辩证唯物主义要求；“高度关注民生系真情，坚持为民谋利出实招”回答了求真为了谁、务实为了谁的问题，体现了历史唯物主义要求。四副春联让我们深刻认识到马克思主义是做好一切工作的看家本领，是共产党人的必修课。在推进中国式现代化的新征程上，我们必须坚持和弘扬马克思主义学风，强化党的创新理论学习，不断夯实理论根基，使这个看家本领越用越灵、越用越有效。

党的思想路线与群众路线的集中体现。这四副春联充分体现了“一切从实际出发，理论联系实际，实事求是，在实践中检验真理和发展真理”的党的思想路线和“一切为了群众，一切依靠群众，从群众中来，到群众中去，把党的正确主张变为群众的自觉行动”的党的群众路线的统一性。党的十八大以来，党和国家事业取得的历史性成就、发生的历史性变革充分证明，党的思想路线与群众路线是我们的关键所在、动力所在、支撑所在，任何时候都不能丢。在推进中国式现代化的新征程上，我们必须坚持实事求是、解放思想、守正创新，不断推进马克思主义中国化时代化，并以其指导波澜壮阔的伟大实践；必须站稳人民立场，更加用心用情走好新时代党的群众路线。

领袖风范与赤子之心的集中体现。这四副春联充分展现了习近平总书记坚定的政治信仰、真挚的为民情怀、务实的工作作风、强烈的使命担当、科学的思维方法、高超的领导艺术。在推进中国式现代化的新征程上，我们必须深刻领悟“两个确立”的决定性意义，坚决做到“两个维护”，更加深刻理解其中的历史逻辑、理论逻辑和实践逻辑，切实增进政治认同、思想认同、理论认同、情感认同，不断增强思想自觉、政治自觉、行动自觉。

全面准确把握求真务实的核心内涵与本质要求

求真务实，是我们党一以贯之的优良传统和作风，是党的各项事业不断取得新胜利的根本保证。求真，就是要不断解放思想、实事求是、与时俱进、开拓创新，真正认清本质，把握规律。务实，就是要在规律性认识的基础上，去行动、去实践。求真与务实，互为条件，辩证统一。只有求真，才能更好地务实；只有务实，才能达到求真的目的。在推进中国式现代化的新征程上，既要仰望星空，以求真的精神永葆正确的前进方向，又要脚踏实地，以务实的品格确保行稳致远。

求规律之真，务情况之实。客观事物的发展和变化是由其内在规律所决定的。只有一切从实际出发，使主观与客观相统一，才能使各项工作朝着正确方向、按照客观规律推进。当前，世情国情党情持续发生深刻变化，我们既要对“国之大者”心中有数，把各项工作都置于这个最大的实际中去谋划、去推进，又要准确把握“省之大计”，不断深化对本地区本部门工作的规律性认识。正所谓“不做调查就没有发言权，不做正确的调查同样没有发言权”。熟练掌握调查研究这个基本功，牢固树立问题导向，坚持“身入”与“心到”相统一，去真实的现场、见真实的群众、了解真实的需求，运用“四不两直”方式，开展提问式调研，发现真问题、研究真问题、解决真问题。

求理论之真，务方法之实。思想是行动的先导。中国共产党为什么能，中国特色社会主义为什么好，归根到底是马克思主义行，是中国化时代化的马克思主义行。面对当前错综复杂的形势和艰巨繁重的任务，把思想方法和工作方法搞对头，找准“桥”和“船”显得尤为重要。习近平新时代中国特色社会主义思想是当代中国马克思主义、二十一世纪马克思主义，是中华文化和中国精神的时代精华，为我们推进党和国家事业发展提供了强大的思想武器。必须把学习贯彻习近平新时代中国特色社会主义思想作为首要政治任务，更加自觉主动观察新形势、研究新情况、解决新问题。既要学习掌握蕴含其中的科学思维方法，努力提高战略思维、历史思维、辩证思维、系统思维、创新思维、法治思维、底线思维能力，善于从战略上把握趋势、从全局上谋划工作；又要灵活运用蕴含其中的具体工作方法，善于抓具体、具体抓，善于抓重点、抓关键，做到谋划时统揽全局、操作中细致精当，以绣花功夫把工作做扎实、做到位。

求情感之真，务起点之实。情感的力量是最朴素的力量，通往群众的路是用心走出来的。能不能真正与群众想在一起、干在一起，做到有盐同咸、无盐同淡，关键看与人民群众有没有真感情。始终坚持以人民为中心的发展思想，树立正确政绩观，始终把为民造福作为最大政绩，作为谋划推进各项工作的根本出发点和落脚点。坚持为民办实事，用真实的接触、真正的了解、真挚的情怀，把好事实事做到群众的心坎上。为群众办实事，既要重视当下，又要重视长远，防止“解决一个问题，留下十个遗憾”，确保经得起历史和人民的检验。

求行动之真，务效果之实。行动是最有力的语言。业绩都是干出来的，真干才能真出业绩、出真业绩。对党忠诚老实，做到党中央提倡的坚决响应，党中央决定的坚决照办，党中央禁止的坚决不做，决不当“两面派”、决不做“两面人”。紧密结合本地区本部门实际，贯彻落实党中央决策部署，务实功、出实招、求实效，杜绝机械式的“不折不扣”。坚持效果导向，工作要“实然性”落实，决不能“想当然”落实，坚决向整天忙忙碌碌、忙而无功、忙而无效的“事务主义”开刀，破“内卷”、防“躺平”，真正说一件、干一件、成一件。对长期任务，要保持战略定力和耐心，坚持一张蓝图绘到底。

以求真务实作风为推进中国式现代化贡献政法力量

在浙江工作期间，习近平同志创造性提出的“八八战略”，正是共产党人求真务实作风的集中体现。他在深入调查研究基础上，以宏大的战略思维和长远的战略眼光，形成了“八八战略”，引领着浙江干在实处、走在前列、勇立潮头。习近平同志送出四副春联的2004年，正是浙江全面实施“八八战略”的“狠抓落实年”。这四副春联激励着浙江全省党员干部以时不我待、只争朝夕的使命担当奋发有为、实干争先。2025年是浙江省委确定的“狠抓落实年”。我们要立足浙江是习近平新时代中国特色社会主义思想重要萌发地的历史方位，牢记总书记的殷殷嘱托，忠实践行“八八战略”，紧扣“努力成为新时代全面展示中国特色社会主义制度优越性的重要窗口”“高质量发展建设共同富裕示范区”“奋力谱写中国式现代化浙江新篇章”等重大使命，大力弘扬求真务实作风，努力为推进中国式现代化省域先行贡献政法力量。

以求真务实作风履行好新时代使命任务。政法机关践行求真务实作风，最基本的要求就是要把党和人民赋予的职责使命履行好。不断深化对新时代政法工作的规律性认识，更好统筹国内国际两个大局、发展和安全两件大事，加强前瞻性思考、全局性谋划、战略性布局、整体性推进，真正把高站位和实干事结合起来。全面履行专政、管理、服务职能，一体协同推进更高水平的平安建设、法治建设，以捍卫政治安全、维护社会安定、保障人民安宁的实际成效，为高质量发展建设共同富裕示范区提供坚强的安全保障和法治保障。

以求真务实作风走好新时代党的群众路线。大兴求真务实之风，说到底是为了实现好、维护好、发展好最广大人民群众的根本利益。政法工作每一项都与群众利益息息相关，走好新时代党的群众路线是政法干警的“必修课”“基本功”。坚持从群众中来、到群众中去，自觉以群众为镜、拜群众为师，紧扣时代要求，创新群众工作方法，拓展专群结合路径，真正把政法工作牢牢扎根于人民群众之中。站稳人民立场、厚植为民情怀，始终把心系群众、情系百姓体现到履职尽责全过程，全力解民困、坚决保民安、主动惠民生、积极聚民力，更加彰显政法工作的人民属性。把准群众脉搏、精准服务群众，以数字法治建设为抓手，深化政法机关行政管理制度改革，创新推出一批便民利民措施，努力为人民群众提供普惠均等、便捷高效、智能精准的政法公共服务。

以求真务实作风进一步全面深化政法领域改革。求真务实的过程，就是守正创新的过程。进一步全面深化政法领域改革，必须坚持守正创新。坚决守好政法工作的“本”和“源”、“根”和“魂”，坚守党的领导这一根本保证，坚守中国特色社会主义法治道路这一根本道路，坚守以人民为中心这一根本立场，坚守社会公平正义这一基本价值取向，坚守法律面前人人平等这一基本原则，坚守以事实为根据、以法律为准绳这一实践要求，确保政法领域各项改革符合国家法律、符合法定职责、符合工作规律、符合实际情况。善于打破思维定式，积极识变应变求变，在创新理念思路、政策举措、体制机制中塑造发展新动能新优势。当前，尤其要坚持问题导向深化法治改革，统筹推进立法、执法、司法、守法各项工作，真正把促进社会公平正义的要求贯穿全过程各方面，努力让人民群众在每一项法律制度、每一个执法决定、每一宗司法案件中都感受到公平正义。以政法大模型建设为牵引，坚持技术、体制、机制三轮驱动，加快探索与现代科技深度融合的政法工作新方式，提升政法机关新质战斗力。

以求真务实作风锻造忠诚干净担当的浙江政法铁军。求真务实不仅是思想方法和工作方法问题，也是党性修养和作风问题。强化党的创新理论武装，坚持不懈用习近平新时代中国特色社会主义思想凝心铸魂。坚持严管厚爱结合、激励约束并重，巩固深化党纪学习教育成果，建立健全长效化纪律教育机制，在从严正风肃纪上紧抓不放、在提升素质能力上久久为功、在健全保障机制上力求实效，着力锻造讲政治、崇法治、能担当、敢斗争、重形象的新时代政法铁军。大力倡导忠诚干、务实干、担当干、创新干、团结干、廉洁干“六干”作风，真正用进度、数据、项目、结果说话，以实干实效检验政法队伍服务保障高质量发展质效。

（《学习时报》2025 年 2 月 24 日第 1 版）

坚持干字当头

第四章

坚持干字当头，必须鼓足干事创业的精气神，始终保持锐意进取的精神状态和迎难而上的奋斗姿态

弘扬伟大建党精神　更好推进中国式现代化

上海市习近平新时代中国特色社会主义思想研究中心

100多年前，中国共产党的先驱们创建了中国共产党，形成了坚持真理、坚守理想，践行初心、担当使命，不怕牺牲、英勇斗争，对党忠诚、不负人民的伟大建党精神。习近平总书记在上海考察时强调：“坚持党的领导是中国式现代化的本质要求，也是根本保证。上海是我们党的诞生地，要用好一大会址等红色资源，弘扬伟大建党精神，教育引导广大党员、干部牢记‘三个务必’，在新征程上开拓创新、奋发进取、真抓实干。”迈上以中国式现代化全面推进强国建设、民族复兴伟业的新征程，我们要大力弘扬伟大建党精神，不断增强精神力量，推动中国式现代化行稳致远。

伟大建党精神为推进中国式现代化注入强大精神动力

习近平总书记指出：“我们党的百年奋斗史表明，只有具有伟大精神的政党才能领导人民赢得伟大斗争、开创伟大事业。”伟大事业孕育伟大精神，伟大精神引领伟大事业。我们要弘扬伟大建党精神，为推进中国式现代化注入强大精神动力。

坚持真理、坚守理想，坚持推进中国式现代化的科学指引。马克思主义是我们党的指导思想，共产主义是我们党的远大理想。一代又一代中国共产党人接续奋斗、不怕牺牲，靠的就是坚持真理、坚守理想。我们党始终把马克思主义作为自己的行动指南，并不断结合新的实际推进理论创新，所以能够始终掌握强大的真理力量，领导人民完成中国其他政治力量不可能完成的艰巨任务。弘扬伟大建党精神，坚定不移走好中国式现代化道路，要坚持真理、坚守理想，始终坚持以习近平新时代中国特色社会主义思想为指导，深入学习贯彻习近平总书记关于中国式现代化的重要论述精神，更好推进中国式现代化伟大实践。

践行初心、担当使命，强化推进中国式现代化的责任担当。为中国人民谋幸福，为中华民族谋复兴，是中国共产党人的初心使命。100 多年来，不管形势和任务如何变化，不管遇到什么样的惊涛骇浪，我们党始终不忘初心、牢记使命，锚定奋斗目标，沿着正确方向坚定前行。现在，我们已经全面建成小康社会，第一个百年奋斗目标如期实现，我们党正团结带领全国各族人民全面建设社会主义现代化国家、向第二个百年奋斗目标进军。要清醒认识到，中国式现代化是一项伟大而艰巨的事业，要走的路还很长。我们正处于实现中华民族伟大复兴的关键时期，容不得任何停留、迟疑、观望，更加需要践行初心、担当使命，始终保持永不懈怠的精神状态和一往无前的奋斗姿态，继续朝着既定目标奋勇前进。

不怕牺牲、英勇斗争，坚定推进中国式现代化的斗争意志。我们党在内忧外患中诞生、在历经磨难中成长、在攻坚克难中壮大，无论敌人如何强大、道路如何艰险、挑战如何严峻，总是以不畏强敌、不惧风险、敢于斗争、勇于胜利的风骨和品质赢得一次又一次胜利，不断开辟事业发展的崭新局面。推进中国式现代化是一项前无古人的开创性事业，必然会遇到各种可以预料和难以预料的风险挑战、艰难险阻甚至惊涛骇浪，尤其需要不怕牺牲、英勇斗争，不断增强志气、骨气、底气，坚定斗争意志、提高斗争本领，全力战胜前进道路上的各种风险挑战，依靠顽强斗争打开事业发展新天地。

对党忠诚、不负人民，凝聚推进中国式现代化的磅礴力量。回望百余年历程，我们党历经艰难险阻，没有被任何困难压垮，这与千千万万共产党员以自己的实际行动诠释对党忠诚、践行全心全意为人民服务的根本宗旨，确保党始终赢得人民群众的衷心拥护和坚定支持有着密不可分的关系。中国式现代化是全体人民的共同事业，需要推动广大党员干部群众心往一处想、劲往一处使。全体党员要切实做到对党忠诚、不负人民，始终与人民风雨同舟、与人民心心相印，进而把人民群众最广泛地团结在党的周围，形成党群一心、同责共担、同舟共济、同甘共苦的生动局面，不断为强国建设、民族复兴伟业汇聚强大合力。

伟大建党精神为坚持党在中国式现代化建设中的领导地位提供丰厚精神滋养

中国式现代化是中国共产党领导的社会主义现代化。习近平总书记指出："为什么要强调党在中国式现代化建设中的领导地位？这是因为，党的领导直接关系中国式现代化的根本方向、前途命运、最终成败。"伟大建党精神蕴含着中国共产党成功的密钥，为始终坚持党在中国式现代化建设中的领导地位提供丰厚精神滋养。

从伟大建党精神中领悟坚持党的领导的历史必然性。伟大建党精神深刻反映中国共产党为了国家富强、民族复兴、人民幸福而不懈奋斗的政治本色和精神追求，集中体现党的坚定信念、根本宗旨、优良作风。我们党之所以能够成为中国特色社会主义事业的坚强领导核心，成为中国式现代化的领导力量，不仅因为我们党是用科学理论武装起来的马克思主义政党，还因为我们党是用伟大建党精神孕育滋养的马克思主义政党。百余年来，在伟大建党精神指引下，中国共产党始终心中装着百姓、手握科学真理、脚踏人间正道、砥砺奋斗前进，具有中国其他政治力量都不具有的强大优势。我们要从伟大建党精神中深刻领悟在中国没有哪个政党能比中国共产党更懂中国的国情，更懂中华民族的渴望，更懂中国人民的心愿，更能扛起历史使命；深刻认识坚持党的领导是历史的必然选择、人民的必然选择、时代的必然选择，不断坚定对党的领导的自信。

从伟大建党精神中汲取百年大党推进自我革命的智慧和力量。习近平总书记指出："办好中国的事情，关键在党、关键在全面从严治党。"我们党要始终成为时代先锋、民族脊梁，自身必须始终过硬。伟大建党精神蕴含鲜明的红色基因，是我们党敢于直面问题、勇于修正错误的精神力量源泉，对于始终发扬彻底的自我革命精神、坚定不移全面从严治党、涵养风清气正的党内政治生态具有重要作用。要大力弘扬伟大建党精神，从伟大建党精神中汲取不忘初心使命、勇于自我革命的智慧和力量，不断清除一切损害党的先进性和纯洁性的有害因素，不断清除一切侵蚀党的健康肌体的病原体，确保党永远不变质、不变色、不变味，始终团结带领全国各族人民在新征程上奋勇前进，推动中国式现代化不断向前发展。

从伟大建党精神中获得加强和改善党的领导的不竭动力。坚持党在中国式现代化建设中的领导地位，必须持续加强和改善党的领导，不断提高党的执政能力和领导水平。伟大建党精神承载着中国共产党人的初心和使命，展现了我们党的梦想和追求、情怀和担当、牺牲和奉献，激励着我们党不懈奋斗，砥砺着我们党勇毅前行，不断书写领导中国式现代化建设的辉煌篇章。我们要以伟大建党精神滋养初心使命，把加强和改善党的领导更加自觉地贯彻落实到推进和拓展中国式现代化的全过程和各方面，为实现中国式现代化提供根本政治保证。

在坚定历史自信、把握历史主动中推进中国式现代化

在伟大建党精神引领下，经过长期奋斗，我们党领导人民创造了世所罕见的经济快速发展和社会长期稳定两大奇迹，成功走出了中国式现代化道路，创造了人类文明新形态。新的历史起点上，要以伟大建党精神激励全党坚定历史自信、把握历史主动，把中国式现代化宏伟事业不断推向前进。

在弘扬伟大建党精神中坚定历史自信。新的赶考之路上能否继续交出优异答卷，关键在于有没有坚定的历史自信。中国共产党自成立之日起，就肩负起带领中国人民探索中国现代化道路的重任，并不断取得新的成就。我们党领导的中国式现代化深深植根于中华优秀传统文化，是赓续古老文明的现代化，是从中华大地长出来的现代化，既切合中国实际，体现社会主义建设规律，也体现人类社会发展规律。在推进和拓展中国式现代化的历史进程中，要弘扬伟大建党精神，深

刻认识中国式现代化是强国建设、民族复兴的康庄大道，也是中国谋求人类进步、世界大同的必由之路，不断增强以中国式现代化全面推进中华民族伟大复兴的信心和底气。

在弘扬伟大建党精神中把握历史主动。推进中国式现代化是一项长期的历史任务，涉及思想观念、生产方式、利益格局的深刻变革，还有一系列难点、卡点、堵点需要突破，改革发展稳定的工作异常繁重，必须进行具有许多新的历史特点的伟大斗争，准备付出更为艰巨、更为艰苦的努力。中国式现代化是在遵循历史规律、把握历史主动中干出来的。我们要弘扬伟大建党精神，用伟大建党精神滋养强烈的历史主动精神、历史创造精神，激励党员、干部勇立时代潮头，始终保持锐意进取、敢为人先、迎难而上的奋斗姿态，积极担当作为、敢于善于斗争、不断攻坚克难，把我国发展进步的命运牢牢掌握在自己手中，推动中国式现代化道路越走越宽广。

（执笔：焦扬）

（《人民日报》2024 年 4 月 24 日第 9 版）

鲜明树起干部担当作为评价标准

全国党建研究会

党的十八大以来，习近平总书记高度重视激励干部担当作为，提出要把“如何始终保持干事创业精神状态”作为大党必须解决的六个难题之一，强调让愿担当、敢担当、善担当蔚然成风。习近平总书记关于激励干部担当作为的重要论述，体系完备、内涵深刻，鲜明树起干部担当作为的评价标准，推动激励干部担当作为工作有标可量、有标可循、有标可依。

理论指引：习近平总书记的重要论述为鲜明树起干部担当作为评价标准提供根本遵循

习近平总书记关于激励干部担当作为的重要论述，为建设堪当民族复兴重任的高素质干部队伍提供了理论指引。完整准确全面理解这一重要论述的科学体系，对于鲜明树起干部担当作为的评价标准具有重要意义。

明确激励干部担当作为的价值取向，深刻阐释“为什么要担当”。

习近平总书记深入总结百余年党的奋斗的宝贵历史经验，深刻指出："我们党一路走来，能够战胜一切强大敌人、一切艰难险阻，取得举世瞩目的伟大成就，靠的就是一代又一代共产党人敢于担当、英勇斗争"；站在党和国家事业发展战略高度，深刻指出："积极担当作为、敢于善于斗争，才能胜利推进强国建设、民族复兴的历史伟业"。习近平总书记的重要论述使我们更加深刻感受到担当作为的历史传承和精神根脉，更加深刻认识到新时代新征程呼唤新担当新作为的迫切要求。

明确激励干部担当作为的丰富内涵，深刻阐释"什么是担当"。习近平总书记对于担当作为的定位，指出"干部敢于担当作为，这既是政治品格，也是从政本分"；对于担当作为的指向，指出要"把对党忠诚、为党分忧、为党尽职、为民造福作为根本政治担当"；对于担当作为的表现，指出"敢于担当，党的干部必须坚持原则、认真负责，面对大是大非敢于亮剑，面对矛盾敢于迎难而上，面对危机敢于挺身而出，面对失误敢于承担责任，面对歪风邪气敢于坚决斗争"。习近平总书记的重要论述明确了担当作为的核心要义和本质要求，回答了什么是真担当真作为。

明确激励干部担当作为的实践要求，深刻阐释"应该怎样担当"。习近平总书记强调，在加强理论学习方面，"广大干部特别是年轻干部要在常学常新中加强理论修养"；在树牢正确政绩观方面，"既要做让老百姓看得见、摸得着、得实惠的实事，也要做为后人作铺垫、打基础、利长远的好事"；在服务大局方面，"要心怀'国之大者'，站在全局和战略的高度想问题、办事情"；在抓落实方面，要求"干事业就要有钉钉子精神，抓铁有痕、踏石留印"。习近平总书记的重要论述深刻阐明了担当作为既要体现在干事创业具体行动上，也要体现到理论学习、思维理念等方方面面。

明确激励干部担当作为的有效方法，深刻阐释“怎样激励担当”。习近平总书记在关于“关键少数”带头担当方面指出：“领导干部不论在哪个岗位、担任什么职务，都要勇于担当、攻坚克难，既当指挥员、又当战斗员”；在关于为担当者担当方面指出：“要积极营造有利于干事创业的良好环境，敢于为担当者担当、为负责者负责、为干事者撑腰”；在关于靠制度激励担当方面指出：“健全干部担当作为激励保护机制，激发干部干事创业活力”。习近平总书记的重要论述既部署了“过河”的任务，也指导解决“桥或船”的问题，为激励干部担当作为提供了更加科学的措施和办法。

明确激励干部担当作为的组织路径，深刻阐释“组织怎样担当”。习近平总书记在用人导向上强调，“要在选人用人上体现讲担当、重担当的鲜明导向”；在教育培训上强调，“要加强干部教育培训，使广大干部政治素养、理论水平、专业能力、实践本领跟上时代发展步伐”；在考察考核上强调，“建立健全考核激励制度，激励干部大胆开拓、担当作为”；在管理监督上强调，“要坚持严管和厚爱结合、激励和约束并重”。习近平总书记的重要论述深刻阐明只有真正做到组织为干部担当、干部才能真正为事业担当，形成同向发力、同频共振的良性循环。

规律把握：习近平总书记的重要论述为鲜明树起干部担当作为评价标准提供逻辑机理

认识规律、把握规律，是做好各项工作的前提。习近平总书记关于激励干部担当作为的重要论述，蕴含着对激励干部担当作为内在逻辑和规律的深刻认识。

从政治逻辑出发找准根基原点。旗帜鲜明讲政治是我们党作为马克思主义政党的根本要求，也是鲜明树起干部担当作为评价标准的根基原点。习近平总书记在2013年全国组织工作会议上为“好干部”立起20字的5条标准，把“信念坚定”列为首要标准。鲜明树起干部担当作为评价标准，必须坚决把政治性放在首要位置，充分发挥政治建设统领作用，注重从政治上把握新时代好干部的标准导向和根本要求，将站稳政治立场、改造主观世界、加强党性修养作为金规铁律，不断夯实干部担当作为的根基。

从系统逻辑出发注重融会贯通。从理论体系看，习近平总书记关于激励干部担当作为的重要论述，是习近平总书记关于党的建设的重要思想的重要组成部分，要求我们在鲜明树起干部担当作为评价标准时，把习近平总书记关于党的建设的重要思想的“十三个坚持”有机衔接起来，把蕴含其中的根本原则、科学布局、重点任务关联起来。从方法体系看，鲜明树起干部担当作为评价标准是一项系统工程，要坚持系统谋划、综合施策，着力将干部选育管用的各个环节衔接起来，将政治思想、能力作风、实践实绩等方面贯通起来。

从历史逻辑出发坚持赓续传承。从马克思提出“勤务员”“是为了服务于组织在公社里的人民”，到我们党在不同历史时期突出“有知识、懂专业、锐意改革”“能够担当重任、经得起风浪考验”“求真务实、真抓实干”等干部担当作为要求，为民服务、勤政务实、敢于担当成为好干部标准的重要内容；从“天行健，君子以自强不息”到“为天地立心、为生民立命、为往圣继绝学、为万世开太平”，为国为民担当是中国从政者特有的精神品格。新时代以来，习近平总书记坚持“两个结合”，把马克思主义关于干部担当作为的思想精髓同中华优秀传统文化精华贯通起来，为我们鲜明树起干部担当作为评价标准指明了前进方向。要坚持“两个结合”，在坚持的基础上发展、在发展的进程中坚持，既不丢老祖宗又讲出新话，提出契合实践发展的标准体系。

从实践逻辑出发坚持问题导向。习近平总书记关于激励干部担当作为的重要论述应实践而生、向问题而行，出发点就是解决干部队伍建设中存在的突出问题。新时代以来，针对干部担当作为中存在的问题，采取有效措施着力解决“乱作为、不作为、不敢为、不善为”等顽瘴痼疾。鲜明树起干部担当作为评价标准，要把发现问题、解决问题凸显出来，增强针对性和实效性。

从发展逻辑出发不断与时俱进。习近平总书记关于激励干部担当作为的重要论述，坚持用发展的眼光看待问题，从提出干部担当作为的理念，到逐步形成一套激励干部担当作为的理论体系；从讲干部担当，延展到组织为干部担当、干部为事业担当的宽视角；从对担当作为提出外在行为要求，到干部要树立正确政绩观。鲜明树起干部担当作为评价标准，也必须保持敏锐性和开放性，顺应干部队伍建设发展新实际，体现鲜明的时代性。

评价要素：运用习近平总书记的重要论述指导实践，推动担当作为标准细化实化具体化

学习的目的全在于运用。学习贯彻习近平总书记关于激励干部担

当作为的重要论述，归根到底是从中找到干部担当作为的行为特征和具体表现，得出新时代新征程干部担当作为的衡量标准，让担当作为的要求变得清晰明了、可比可感。

政治忠诚度。要坚定拥护“两个确立”、坚决做到“两个维护”，坚持把加强党的创新理论武装作为终身必修课，自觉学深悟透习近平新时代中国特色社会主义思想，坚定对共产主义的信仰、对中国特色社会主义的信念，始终忠诚于党、忠诚于人民、忠诚于马克思主义。要心怀“国之大者”、党之大计，时刻关注党中央在关心什么、强调什么，善于从党和人民的立场、党和国家工作大局出发想问题、作决策、办事情。坚持护航中心大局，结合岗位职责，全方位保障、全要素支撑党中央重大决策部署落地见效。要严守政治纪律、政治规矩，坚持一切行动听指挥，自觉维护党中央权威，确保令行禁止、政令畅通。全面执行党内政治生活准则，落实有关事项请示报告制度，遵循组织程序。严守党的纪律规定，带头落实中央八项规定及其实施细则精神。

正确政绩观。要自觉践行以人民为中心的发展思想，在谋划推进工作时顺应群众所思所想所忧所盼，在制定政策措施时以群众意愿为出发点和落脚点，在推动工作落实时努力让群众看到变化、得到实惠，在评价工作时以群众口碑为重要标准。要坚持一切从实际出发，带头弘扬实事求是的优良作风，谋划工作坚持从实际出发，推动工作注重因地因时制宜、讲求实效。坚持实字当头、干字为先，坚决反对形式主义、官僚主义。要端正干事动机，摒弃私心杂念，不把干事和个人名利捆绑在一起。要一任接着一任干，把握好潜绩和显绩的关系，坚持打基础、利长远。对已有的部署和规划，只要是科学的、契合高质量发展要求的、符合群众意愿的，就要一张蓝图绘到底，一锤接着一锤敲、一棒接着一棒干。

强烈责任感。要敬业奉献、忠于职守，端正领导干部的角色定位，把岗位职务看作是党和人民赋予的重托和责任，常修从政之德，以“时时放心不下”的责任感对待工作，用心耕好事业“责任田”。要敢于动真碰硬不怕得罪人，凡是有利于党和人民的事，就当仁不让、大胆地干，挺身而出、坚决地干，敢于直面工作中出现的各种新矛盾新问题，积极寻求解决方案并付诸行动。要敢于讲真话、反映真实情况，不斤斤计较个人得失，及时主动纠正工作中的偏差。发扬艰苦奋斗、踏实勤勉的精神，干一行爱一行，到一地爱一地，以实干为荣、用实绩说话。

有效执行力。要干事雷厉风行不拖沓，在紧要关头善于拍板、科学决断，把“工作效率”体现在抓落实的方方面面。该办的事不要拖、坚决办，能办的事不要等、立刻办，难办的事不要停、想办法办，确保推进速度快、落地见效快、执行效率高。要始终保持拼搏进取的旺盛斗志，切实对照先进找差距、自我加压提标准，创造出色、出彩、出众的工作业绩。以干在先、抢在先、赢在先的业绩，推动各项工作走在前列、争创一流。要工作一抓到底敬终如始，以坚定的信念信仰抓落实、干到底、抓闭环。以“完成”且“完美”的工作要求，在勇于直面问题中不断解决问题、破解难题。要依纪依法依规办事，始终秉持纪律意识、法治理念、制度思维，确保每一项工作合法合规、合情合理，自觉维护纪法权威，积极稳妥推进各项任务落地落实。

本领适配度。要专业素养过硬、能力本领高强，加强学习，拓宽眼界和视野，优化知识结构，坚持干什么学什么、缺什么补什么，精学专业理论，深学业务知识，把专业知识、专业能力转化为推动工作的具体思路和实际成效。要逢敌敢亮剑遇事敢斗争，发扬斗争精神，面对大是大非敢于亮剑，面对歪风邪气敢于坚决斗争，对不当言行旗帜鲜明地反对和抵制。要破难攻坚能闯新路，勇于改革、大胆创新，善于打破思维惯性、路径依赖，直面矛盾、正视困难，全力攻坚改革发展的堵点淤点。

（《人民日报》2024 年 6 月 28 日第 9 版）

落实“三个区分开来”激励干部开拓进取干事创业

薛瑞汉

对干部既从严管理又关心爱护，是我们党的优良传统，也是党管理干部的重要经验。从严是前提，关爱是导向，两者同向而行，贯穿于干部队伍建设各环节。党的二十届三中全会通过的《中共中央关于进一步全面深化改革、推进中国式现代化的决定》强调，落实“三个区分开来”，激励干部开拓进取、干事创业。2016 年 1 月，习近平总书记指出，“要把干部在推进改革中因缺乏经验、先行先试出现的失误和错误，同明知故犯的违纪违法行为区分开来；把上级尚无明确限制的探索性试验中的失误和错误，同上级明令禁止后依然我行我素的违纪违法行为区分开来；把为推动发展的无意过失，同为谋取私利的违纪违法行为区分开来”。此后，习近平总书记又在多个重要场合予以强调。“三个区分开来”有利于保护作风正派又敢作敢为、锐意进取的干部，激励广大党员干部更好带领群众干事创业。在进一步全面深化改革过程中，我们要严格落实“三个区分开来”，坚持严管和厚爱结合、激励和约束并重，更好激发广大党员干部的积极性、主动性、创造性，形成奋进新征程、建功新时代的浓厚氛围和生动局面。

始终保持严的基调不放松

打铁必须自身硬。党要管党，从严治党，首先要管好干部，从严治官，使领导干部在守纪律讲规矩上作表率。从严管理干部是对干部真正负责，最终是对事业真正负责。要在干部队伍建设的整个过程落实从严管理，落实新时代好干部标准，严把政治关、品行关、作风关、廉洁关。坚持以严的标准要求干部、以严的措施管理干部、以严的纪律约束干部，使干部心有所畏、言有所戒、行有所止。

坚持严管厚爱结合、激励约束并重，严管是基础和前提。只有一以贯之从严，一严到底，让制度成为带电的高压线，持续增强党员干部的纪律意识、规矩意识，才能永葆先进性和纯洁性。党员干部健康成长，离不开自我约束，更离不开组织管理。只有把监督挺在前面，坚持管思想、管工作、管作风、管纪律相统一，抓早抓小、防微杜渐，不断完善制度体系，强化制度刚性执行，才能最大限度防止干部出问题。必须把严的标准树立起来、把严的纪律执行起来，推动广大干部切实养成纪律自觉，将铁的纪律转化为干部的日常习惯和自觉遵循，营造出良好政治生态和干事创业环境。

用好问责利器，既防止问责乏力，也防止问责泛化

严肃规范精准慎重用好问责利器，是推动“三个区分开来”具体化、规范化的必然要求。问责机制是一种硬约束，以确保错误从根本

上修正。面对一些干部存在的不担当、不作为问题，特别是乱作为、假作为问题，要切实加大问责力度，重点围绕加强党的建设、执行党的纪律、敢于担当勇于作为、维护群众利益等方面问题，仔细甄别厘清干部在决策、执行、监督和事前、事中、事后等各个方面和各个环节的责任，对其中存在的不作为、慢作为、乱作为、假作为问题进行集中整治。严格责任考核，对标党中央和上级党组织的决策部署，对标目标任务和岗位工作职责，对不担当、不作为、不尽责的干部坚决调整，严肃问责，但同时也要防止问责简单化。

严格规范落实问责启动、调查、审批、执行各环节程序，查清问题事实，厘清责任链条，区分不同责任，科学公正作出处理决定，该是谁的责任就是谁的责任，该担多大的责就担多大的责，不断提高问责的规范化和精准化。坚持实事求是，把工作失误与个人腐败、缺乏经验与明知故犯、出于公心与以权谋私区分开来，对干部在改革发展中出现的失误或错误综合分析研判，坚决防止问责加码、泛化滥用问题，既旗帜鲜明鼓励和支持干部改革创新、积极履职，又严把审核认定关，做到严有严的标准、宽有宽的道理。总之，问责是手段，问责的目的是督促党组织和党员干部强化责任意识，激发担当精神，推动工作落实。

推动“三个区分开来”具体化、规范化

面对错综复杂的国际形势、艰巨繁重的国内改革发展稳定任务，改革有风险，探索过程中也可能出现失误。必须把严管和厚爱相结合，落实“三个区分开来”，完善容错纠错机制，营造有利于进一步全面

深化改革的政治生态。

推动“三个区分开来”具体化、规范化，既是一项系统工程，也是一项政治性、政策性很强的工作，必须严格依规依纪依法，用规范的程序、科学的机制、健全的流程来保障容错工作质量，确保容错结果经得起历史检验。完善顶层制度设计，自上而下出台具体化、规范化的工作办法，各地结合实际进一步细化，推动“三个区分开来”走深走实。尤其要把故意和过失、因私和因公、违规和试错区分开来，严格划分“失误、错误”与“违纪、违法”的界线，细化具体情形，完善适用范围，为落实“三个区分开来”提供基本规范和工作指引。

持续完善容错纠错机制，使广大党员干部始终保持干事创业的精神状态。容错纠错是落实“三个区分开来”的具体体现和重要环节。容错纠错机制重点解决干部干事放不开手脚、瞻前顾后的问题，彰显鼓励创新、宽容失败、科学纠错的政策导向。各级党委（党组）要认真落实全面从严治党主体责任，在规范容错纠错上下更大功夫，及时宣传通报导向性案例，为各地各部门开展容错纠错提供参考依据，推动容错纠错工作精准化、规范化、程序化，形成敢容真容、严格纠错的良好氛围。精准把握容错免责范畴，坚守法律底线、纪律底线、政策底线和道德底线，充分考虑基层干部在改革创新中遇到的困境、顾虑、期盼，研究制定完善容错细化清单或情形，为锐意进取、敢作敢为的党员干部撑腰。严格规范容错免责程序，建立规范化受理程序，对提出书面申请、展开调查核实、作出认定意见、书面反馈回复、公示公开、结果备案等每一环节，都必须有明确的受理机构、调查方式、处置规则、办理时间及责任主体。进一步明晰容错纠错的适用情形和配套机制，并把容错与纠错结合起来，避免只讲宽容、不强调纠错。

积极稳妥开展失实检举控告澄清工作，不断完善工作流程、规范工作程序，推动澄清正名工作常态化制度化。对于诬告陷害行为，要依规依纪依法严肃查处，坚持惩治震慑、制度约束、提高觉悟一体发力，充分释放“诬告陷害必有代价，遭受诬告组织撑腰”的强烈信号。认真开展受处分、处理干部跟踪回访工作，对影响期满、表现好的干部，符合条件的，按照干部选拔任用有关规定正常使用，积极为改过自新的干部重新选拔使用创造条件，既严格要求又暖心关爱，帮助其卸下“思想包袱”，重回正轨，重燃干事创业的热情和信心。

（《光明日报》2025 年 2 月 25 日第 6 版）

自觉做勇于担当作为的不懈奋斗者

王宇燕

习近平总书记在2024年春季学期中央党校（国家行政学院）中青年干部培训班开班之际作出重要指示，强调年轻干部要自觉做“党的创新理论的笃信笃行者、对党忠诚老实的模范践行者、矢志为民造福的无私奉献者、勇于担当作为的不懈奋斗者、良好政治生态的有力促进者”。这既是对年轻干部的殷殷嘱托，也是对广大党员干部的明确要求。时代呼唤担当，使命引领作为。我们要深学细悟习近平总书记的重要指示，用心领会担当的要义、准确把握担当的重点、努力提升担当的本领，自觉做勇于担当作为的不懈奋斗者。

深入学习领会习近平总书记重要论述，切实增强担当作为的使命感责任感紧迫感

习近平总书记始终高度重视干部担当作为问题，党的十八大以来，着眼党和国家事业发展全局，作出一系列重要论述，鲜明回答了“为什么要担当作为、怎样能够担当作为”这一重大时代命题，为党员干

部在新时代新征程上奋勇争先、干事创业提供了根本遵循。

深刻认识和把握干部担当作为的重大意义。立足党的初心使命，习近平总书记指出，中国共产党执政的唯一选择就是为人民群众做好事，为人民群众幸福生活拼搏、奉献、服务，这种执着追求100多年来从未改变。立足党的事业发展，习近平总书记强调，新时代的伟大成就是党和人民一道拼出来、干出来、奋斗出来的；唯有始终保持锐意进取、敢为人先、迎难而上的奋斗姿态，积极担当作为、敢于善于斗争，才能胜利推进强国建设、民族复兴的历史伟业。立足干部的职责要求，习近平总书记指出，干部敢于担当作为，这既是政治品格，也是从政本分；干事担事，是干部的职责所在，也是价值所在。这些重要论述阐明了干部担当作为的价值逻辑、历史逻辑、现实逻辑，必须以强烈的历史主动精神，坚定扛起强国建设、民族复兴的历史重任。

深刻认识和把握干部担当作为的基本内涵。习近平总书记在多个重要场合反复强调并阐释“五个敢于”的重要论断，强调面对大是大非敢于亮剑，时刻绷紧旗帜鲜明讲政治这根弦，在大是大非面前、在政治原则问题上做到头脑特别清醒、立场特别坚定，决不拿党的原则做交易。强调面对矛盾敢于迎难而上，只有豁得出去、敢闯敢干，下定“明知山有虎，偏向虎山行”的决心，真刀真枪干，矛盾和困难才可能得到解决。强调面对危机敢于挺身而出，保持只争朝夕、奋发有为的奋斗姿态和越是艰险越向前的斗争精神。强调面对失误敢于承担责任，强化责任意识，知责于心、担责于身、履责于行，敢于直面问题，不回避矛盾，不掩盖问题。强调面对歪风邪气敢于坚决斗争，有秉公办事、铁面无私的精神，讲原则不讲面子、讲党性不徇私情。这“五个敢于”既是对新时代共产党人担当作为内涵的生动诠释，也是对干部积极干事创业的具体要求，体现了担当作为应有的精神状态，必须自觉落实到履职尽责的实际行动中。

深刻认识和把握干部担当作为存在的突出问题。习近平总书记指出，现在广大党员、干部的能力素质和精神状态是好的，但也要清醒看到，干部队伍中不愿担当、不敢担当、不善担当的问题还比较突出。在不作为方面，有的做“老好人”“太平官”“墙头草”，存在拈轻怕重、敷衍塞责、得过且过等消极现象。在不敢为方面，有的遇到矛盾惊慌失措，遇见斗争直打摆子；有的顾虑“洗碗越多，摔碗越多”“为了不出事，宁可不干事”。在不善为方面，有的干事热情很高，但缺乏科学精神、求实态度，结果不仅没有出业绩，反而带来了一堆问题。在乱作为方面，有的重显绩轻潜绩、重面子轻里子，好大喜功、急功近利，热衷于打造领导“可视范围”内的项目工程。对于习近平总书记点出的问题表现，必须本着有则改之、无则加勉的态度，经常对照反思、自警自省，增强愿为、敢为、善为的责任担当。

深刻认识和把握干部担当作为的现实路径。习近平总书记不仅阐明了担当作为“怎么看”，还指明了担当作为要“怎么办”。围绕增强担当作为动力，强调要善于从党的创新理论中汲取踔厉奋发、勇毅前行的精神动力，坚定历史自信、锤炼斗争本领。围绕提高担当作为能力，强调要加快知识更新、加强实践锻炼，使专业素养和工作能力跟上时代节拍。围绕激发担当作为活力，强调要建立健全干部担当作为的激励和保护机制，切实为勇于负责的干部负责、为勇于担当的干部担当、为敢抓敢管的干部撑腰。围绕压实担当作为责任，强调要建立责任追究制度，坚持有权必有责、有责要担当、失责必追究。落实这些重要要求，必须增强靠前担当的意识、练就堪当重任的本领，依靠实干打开事业发展新局面。

紧扣推进中国式现代化生动实践，准确把握干部担当作为的重点要求

近年来，山东坚定落实习近平总书记重要指示要求，锚定“走在前、开新局”，在全国经济发展大局中扛起了经济大省的挑大梁责任。当前，全省上下正聚焦加快现代化强省建设，以建设绿色低碳高质量发展先行区为总抓手，深入实施“三个十大”行动，着力塑造“十个新优势”，扎实推进中国式现代化山东实践，迫切需要各级干部展现新担当新作为。

在坚定拥护“两个确立”、坚决做到“两个维护”上展现新担当新作为。牢牢把握坚定拥护“两个确立”、坚决做到“两个维护”这一根本原则，时时处处对标对表，把准推进中国式现代化建设的正确政治方向。不断提高政治判断力，以国家政治安全为大、以人民为重、以坚持和发展中国特色社会主义为本，科学把握形势变化，增强政治敏锐性和政治鉴别力，始终在重大问题和关键环节上头脑特别清醒、眼睛特别明亮。不断提高政治领悟力，深入学习领会习近平新时代中国特色社会主义思想，坚持用以分析形势、推动工作，始终同以习近平同志为核心的党中央保持高度一致。对党中央赋予的重大任务，都自觉从“国之大者”、党之大计的政治高度来领悟、来推进。不断提高政治执行力，坚决维护党中央权威和集中统一领导，切实做到党中央提倡的坚决响应，党中央决定的坚决执行，党中央禁止的坚决不做，自觉把习近平总书记的重要指示要求作为做好工作的根本指针，

切实转化为推动现代化建设的实际行动。

在推动高质量发展上展现新担当新作为。切实扛牢高质量发展这一首要任务，找准定位、积极作为，在中国式现代化建设中勇创新路。坚持完整、准确、全面贯彻新发展理念，将其作为推动高质量发展的科学指引，坚决破除唯 GDP 的路径依赖，决不走以资源换发展、以污染换发展的老路。坚持因地制宜发展新质生产力，发挥资源禀赋、产业基础、科研条件等方面优势，聚焦推进传统产业升级、新兴产业壮大、未来产业培育，加大探索创新力度，推动高质量发展提质增效。坚持更好统筹发展和安全，牢固树立安全重于泰山的理念，增强“一失万无”的底线思维，把各种风险研判在前，把各项工作抓细抓实，守牢“一排底线”，确保“万无一失”。

在造福人民群众上展现新担当新作为。始终坚守让人民过上幸福生活这一价值追求，扎扎实实为民办事、为民造福，让现代化建设成果更好惠及群众。心里始终装着群众，时刻以百姓心为心，把群众放在心中最高位置，始终同群众站在一起、想在一起、干在一起。积极组织发动群众，坚持从群众中来、到群众中去，既“带着”群众干，又“带动”群众干，做群众愿意跟着跑的“火车头”，形成干事创业的合力。主动解决群众难题，把改善和保障民生作为一切工作的出发点和落脚点，积极顺应群众所思所想，立足本职本能，用心用情解决好急难愁盼问题，在干实事、办好事中让群众看到变化、得到实惠。

在践行正确政绩观上展现新担当新作为。自觉坚持“真干才能真出业绩、出真业绩”这一行动遵循，真抓实干、务求实效，作出实实在在的成绩。坚持稳扎稳打、踏踏实实，突出“稳”的节奏，贯穿“实”的要求，更好掌握章法、把控时效，使每项工作都做到稳中求进、以进促稳、先立后破。坚持实事求是、遵循规律，深刻理解实事求是的科学含义和精神实质，深刻把握事物发展规律，始终按实事求是的要求办事。坚持绵绵用力、久久为功，用足够毅力去做好每一件事情，以“功成不必在我”的精神境界和“功成必定有我”的历史担当，创造经得起历史检验的实绩。

在落实全面从严治党要求上展现新担当新作为。坚决落实“全面从严治党永远在路上，党的自我革命永远在路上”这一战略要求，自重自省、守正清廉，以自身清、自身正、自身硬推动营造良好政治生态。做到心有所畏，牢记清廉是福、贪欲是祸的道理，经常对照党的理论和路线方针政策、对照党章党规党纪、对照初心使命，时刻绷紧拒腐防变这根弦，以内无妄思保证外无妄动。做到言有所戒，坚持在党爱党、在党言党、在党忧党、在党为党，违背原则的话不说，有碍大局的话不说，不利团结的话不说，不负责任的话不说，坚决防止“低级红”“高级黑”。做到行有所止，谨记权为民所用的道理，增强自制力，严守法纪规矩，严格家教家风，任何时候、任何情况下都不放纵、不越轨、不逾矩。

主动加强学习历练，努力提高担当作为的能力本领

干部担当作为，既要有干事之心，更要有成事之能。党员干部应当带头勤学苦练、努力增长才干，在常修常炼、常悟常进中不断完善自己、提高自己，全面提升履职尽责、担当作为的能力本领。

坚持不懈用党的创新理论凝心铸魂、固本培元。把学好用好习近平新时代中国特色社会主义思想作为首要政治任务，全面提升与

推进中国式现代化相适应的政治能力、领导能力、工作能力。努力学出对党的绝对忠诚，在深化内化转化上下功夫，深刻领悟“两个确立”的决定性意义，持续激发担当作为内生动力，切实转化为忠于党、忠于人民、忠于党的事业的政治执行力。努力学出高度的政治站位，跟进学习习近平总书记最新重要讲话和重要指示批示精神，关注习近平总书记和党中央在关心什么、强调什么，明确担当作为的方向，增强把握大局大势的能力。努力学出科学的思维能力，深入领会习近平总书记治国理政中蕴含的政治智慧，不断增强担当作为的战略思维、历史思维、辩证思维、系统思维、创新思维、法治思维、底线思维能力，提升把握工作规律的能力本领。

持续强化实践锻炼、一线磨练。坚持在学中干、干中学，把扛重活、打硬仗作为锻炼成长、锤炼本领的基本途径。愿挑最重的担子，对于责任重大、艰巨繁重的工作任务，靠前一步主动承担，勇于到高质量发展的前沿一线、重点领域摔打自己，在知重负重中磨砺干事成事的硬功夫。能啃最硬的骨头，对于发展中的难点堵点痛点问题，事不避难、义不逃责，顶住压力向前冲、迎着困难往前走，在攻坚克难中练就担当作为的真本事。善接烫手的山芋，对于历史遗留、风险性大的棘手问题，保持临危不惧、遇险不慌、逢难不惊的定力，在多当几回“热锅上的蚂蚁”中提高应对复杂局面的能力。

自觉运用科学策略、正确方法。学习掌握科学的思想方法、工作方法，及时总结实践中探索的新经验新打法，着力提升工作科学化规范化水平。坚持谋定而后动，大兴调查研究，全面落实“四下基层”制度，切实把上级政策学清楚、把工作现状搞清楚、把基层情况摸清楚，加强科学论证和研判分析，在谋深、谋细、谋实中提升担当作为的能力素养。坚持系统观念，突出“抓具体、具体抓”“抓系统、系统抓”，把握好全局和局部、当前和长远、宏观和微观、特殊和一般的关系，不断提高统筹协同、担当干事的能力水平。坚持问题导向，深入分析工作中面临的最突出、最重大、最迫切的挑战，找准突破短板弱项的着力点和切入点，以问题解决提升履职担当的实际本领。

始终保持优良传统、过硬作风。大力弘扬党的光荣传统，涵养求真务实、真抓实干的优良作风，不断提振担当作为的精气神。强化事争一流的作风，放宽视野、打开格局，主动寻标对标，每项工作都着眼追求最高水平、力求做到最好，增强高标准、高质量推动工作的能力水平。强化狠抓落实的作风，将不折不扣抓落实、雷厉风行抓落实、求真务实抓落实、敢作善为抓落实作为担当作为的总要求，完善推动工作落实的闭环机制，当好推进事业发展的执行者、行动派、实干家，把“时时放心不下”的责任感转化为“事事心中有底”的行动力。强化极端负责的作风，把工作放在心上、把心放在工作上，凡事做到守土有责、守土负责、守土尽责，在做好每项具体工作中提高精益求精、精耕细作的能力本领。

（《学习时报》2024年4月1日第1版）

年轻干部要做锐意改革创新的“开路先锋”

徐　刚

发展出题目，改革做文章。习近平总书记在2024年春季学期中央党校（国家行政学院）中青年干部培训班开班之际作出的重要指示中强调要锐意改革创新，在2020年秋季学期中央党校（国家行政学院）中青年干部培训班开班式上的讲话中将改革攻坚能力作为年轻干部应具备的“七种能力”之一，强调“年轻干部要提高改革攻坚能力”，“改革必须有勇气和决心，保持越是艰险越向前的刚健勇毅”。改革创新是事业发展的动力之基、活力之源。年轻干部是党和国家事业发展的生力军，是中国特色社会主义事业的接班人，要争做锐意改革创新的“开路先锋”，奋力跑好历史的接力棒。

坚持解放思想、创新求变，坚定改革创新的“信心”。改革开放是决定当代中国命运、实现中华民族伟大复兴的关键一招。改革开放四十多年来，从开启新时期到跨入新世纪，从站上新起点到进入新时代，我们解放思想、实事求是，大胆地试、勇敢地改，闯出了一条新路、好路，干出了一番新天地，实现了从赶上时代到引领时代的伟大跨越。特别是党的十八大以来，以习近平同志为核心的党中央以巨大的政治勇气全面深化改革，加强改革顶层设计，打响改革攻坚战，以前所未有的决心和力度把改革开放推向前进，推动党和国家各项事业取得历史性成就、发生历史性变革。改革开放是当代中国最鲜明的特色，也是当代中国共产党人最鲜明的品格。一个时代有一个时代的问题，一代人有一代人的使命。当前，我们迈上了强国建设、民族复兴的新征程，推进中国式现代化面临很多新的难题需要破解，必须始终将全面深化改革作为根本动力。要发展，必须改革，不改革没有出路。年轻干部要始终坚定改革创新的信心决心，不断研究新情况、解决新问题、总结新经验、探索新规律。大胆解放思想，坚决破除“唯经验论”“不敢越雷池半步”等思想坚冰，看清各种利益固化的症结，找准突破的方向和着力点，拿出创造性的改革举措，让党和国家事业不断焕发新的活力。

坚持系统思维、全局观念，淬炼改革创新的“匠心”。全面深化改革是一项复杂的系统工程，涉及经济社会发展各领域，需要眼观全局、把握大局，加强顶层设计和整体谋划，加强改革的关联性、系统性、可行性研究，整体推进、精准落子。增强大局观，从全局谋划一域，以一域服务全局，推进区域改革既要站位全局领会全国、全市全面深化改革的新部署、新要求，不折不扣贯彻执行、扎扎实实推进，又要在深入理解中央改革意图、市委改革要求的基础上，结合区域实际创造性落实，善于谋划特色试点，敢于创造典型经验，打造“立得住、叫得响、推得开”的改革亮点。打好组合拳，厘清改革的逻辑关系，善于统筹各个方面、各个层次、各个要素，推进各项改革任务相互促进、良性互动、协同配合。围绕加快发展新质生产力等新课题，聚焦京津冀协同发展，聚焦科技创新和产业创新协同用力，科学化精细化设计改革项目，打通科技策源、成果转化、产业应用等各环节，做优人才支撑、金融服务、营商环境等各项保障，确保改革政策取向的一致性，从整体上提升改革实效。

坚持一切为了人民、一切依靠人民，秉持改革创新的“初心”。为了人民而改革，改革才有意义；依靠人民而改革，改革才有动力。党的十八大以来，改革坚持以人民为中心的价值取向，尊重人民群众首创精神，着力解决了一批人民群众的急难愁盼问题。踏上新征程、建设现代化，更需要深化对改革目的和发展归宿的认识，站在人民立场上把握和处理好涉及改革的重大问题，使全面深化改革始终得到最广大人民的衷心支持和热烈拥护。一方面，坚持为了人民而改革，以人民需求为导向、以人民利益为核心、以人民满意为标准，着眼于基层、扎根于群众、落点于精微，聚焦人民群众关心关注的教育、医疗、住房、养老等民生领域的现实问题重点用力，让改革成果、改革红利惠及到每一个人、每一个家庭，交出成色更足的改革答卷。另一方面，坚持依靠人民而改革，改革创新的最大活力蕴藏在基层和群众中间，要尊重基层和群众首创精神，弘扬“四下基层”的优良传统，深入基层一线开展调查研究，问计于民、问需于民，善于发现、及时总结、大力推广基层群众的探索经验，切实以人民群众的智慧力量推进改革创新。

坚持攻坚克难、久久为功，永葆改革创新的“恒心”。改革开放只有进行时、没有完成时。当前，全面深化改革已经到了爬坡过坎、愈进愈难而又不进则退、非进不可的时候，必须保持越是艰险越向前的刚健勇毅，一抓到底、善作善成。胆子大，改革再难也要向前推进，始终保持“明知山有虎、偏向虎山行”的锐气，围绕国企改革深化提升等重点难点，敢于动真碰硬，不怕触碰矛盾，勇闯改革“深水区”，敢啃改革“硬骨头”，做勇于斗争的“战士”。步子稳，坚持正确的改革方向，贯彻实事求是的思想路线，加强深入细致的调查研究，加强法治论证，在此基础上科学审慎决策，确保推出的改革举措遵循经济社会发展规律，同时又在法治的轨道上，增强改革的穿透力。争当改革的促进派、实干家，把定下的改革任务抓在手上、责任扛在肩上，以“不破楼兰终不还”的精神，一项接着一项干、一年接着一年抓，用实打实、硬碰硬的工作作风推进各项改革举措从“最先一公里”快速起步，在“最后一公里”落地生根。

（《学习时报》2024 年 7 月 8 日第 4 版）

激励形成担当作为的生动局面

吕新斌

习近平总书记在湖北考察时强调，要紧紧围绕抓改革促发展加强党的建设，提振党员干部干事创业精气神，既勇于开拓创新又持之以恒抓好落实，既敢拼敢闯又善于团结协作，努力创造经得起历史、实践和人民检验的业绩。学习贯彻落实习近平总书记这一重要指示精神，关键就在于激励党员干部担当作为。

干部敢于担当作为，这既是政治品格，也是从政本分。习近平总书记多次提到，敢于担当是党的干部必须具备的基本素质，强调担当的重要性。但是，有些党员干部仍然存在思想上的认知误区。比如，有的党员干部存在畏难情绪，不愿担当；有的党员干部怕被问责、受处分，不敢担当；有的党员干部履职能力不强，不善担当。究其根源，都是因为理想信念树得不牢，内生动力不足。尤其是理论素养欠缺，导致干事创业缺乏精神支撑，没有学深悟透习近平新时代中国特色社会主义思想，没有真正掌握好贯穿其中的马克思主义立场观点方法，等等。这就导致有些领导干部在现实工作中容易立场偏移、认知模糊、把握不准，导致担当作为的底气不足、胆气不壮、生气不活。

担当作为的要旨

担当是中国共产党人的鲜明政治品格。真正把握好担当的要旨，必须深刻领悟习近平总书记提出的“五个敢于”，“五个敢于”科学回答了什么是担当、担当什么、怎么担当等问题，既深刻阐明了担当作为的基本要义和工作要求，也生动诠释了作为担当者应当具有的政治素养和精神状态，对我们深入理解把握担当作为的要旨具有重要的指导意义。

真正的担当，既要担当起任务、更要担当起责任。任务与责任是一体的、不可分割的。光担任务不担责任，什么事也干不好，因为割裂了任务与责任的内在联系，导致工作效果受损甚至走向反面。事实上，不存在没有责任的任务，也不存在没有任务的责任。

真正的担当，既要担当起开始、更要担当起结果。人的认知是有限的，而实践的发展是无限的。面对动态变化、纷繁复杂的实际情况，工作中出现这样那样的失误、缺憾是难免的。要尽最大努力争取好开始、好结果，但任何事情的开始和结果特别是在最后结果上都没有百分之百的完美。也许就是这些不完美，才彰显出担当者的可贵品质。

真正的担当，既要担当起现在、更要担当起未来。现在的事情容易看清楚，而未来的事情往往是“雾里看花”。原因在于未来存在不确定性。但是作为共产党人，是站在人民根本立场、全心全意为人民服务的，是实事求是、遵循规律开展工作的，是能够运用科学思维分析把握发展趋势的，应对未来的不确定性是有底气的、无所畏惧的。担当起现在和未来，就是立足当下谋长远、着眼长远做当下，使所做的工作经得起历史、实践和人民的检验。

真正的担当，既要担当起“小家”，更要担当起“大家”。马克思、恩格斯指出，“无产阶级的运动是绝大多数人的，为绝大多数人谋利益的独立的运动”，在未来社会“生产将以所有的人富裕为目的”。这里的“绝大多数”和“所有的人”就是“大家”。习近平总书记一直强调的“国之大者”就是“大家”。而本地本部门本单位的工作、个人的工作和生活就是“小家”。“大家”引领“小家”，“小家”服从“大家”。作为党员干部特别是领导干部，想问题、作决策、干工作，必须正确处理好“大”与“小”的关系，要对党负责、对“大家”负责，在大局下谋划、部署、推进工作，以“小家”之光为“大家”添彩。

激励担当作为

大道至简，实干为要，担当为贵。当前党员干部在担当方面存在的问题，概括起来就是不愿担当、不敢担当、不善担当。必须采取有针对性的措施加以解决，让担当精神进一步弘扬开来，在广大党员干部中蔚然成风。

强化政治自觉，努力解决好“愿担当”的问题。一是深刻领悟“两个确立”的决定性意义，坚决做到“两个维护”，不断锤炼担当之心。二是切实深化党的创新理论武装。持续深入学习领悟习近平新时代中国特色社会主义思想。坚持读原著、学原文、悟原理，逐字逐句认真读、深入悟，真学、真懂、真信、真用，深刻把握蕴含其中的马克思主义立场观点方法，深刻领悟习近平新时代中国特色社会主义思想就是当代中国马克思主义、二十一世纪马克思主义。三是认真抓好马克思主义基本原理教育。这是有效激励党员干部“愿担当”的基础性工程。注重从理论根源上进行“浇灌”培育，加强学习培训，让党员干部真正把“看家本领”学到手，树牢正确的权力观、政绩观、事业观。

营造良好环境，努力解决好“敢担当”的问题。敢不敢担当，意愿是“内因”，环境是“外因”。首先要树立起干事创业的鲜明导向。为担当者担当，为干事者撑腰，更广泛更有效地调动干部队伍的积极性，干部越为事业担当，组织越要为干部担当。组织上要为敢于担当的党员干部鼓劲壮胆，切实保护好干事创业干部的积极性，特别是在选人用人、评优评先、干部考核等方面实实在在为实干者提供舞台，形成保护担当、鼓励担当、推动担当的浓厚氛围。其次，进一步优化监督措施，完善问责机制，既要加大对乱作为的监督问责力度，也要加大对不作为、慢作为的监督问责力度，同时对敢于担当的干部给予支持褒奖。再次，探索用好容错机制。干事业总是有风险的，不能期望每一项工作只成功不失败。我们进行具有许多新的历史特点的伟大斗争，很多工作都是未曾干过的，这就难免会有失误，必须以担当精神去干，才能打开局面。建立完善容错机制就是给敢担当的干部以鼓励和保障。切实完善“三个区分开来”的具体规定，明晰容错的具体边界，努力做到可操作、可执行、可落地。

提升工作本领，努力解决好“善担当”的问题。习近平总书记强调，领导干部不仅要有担当的宽肩膀，还得有成事的真本领。我们必须不断提高政治能力、调查研究能力、科学决策能力、改革攻坚能力、应急处突能力、群众工作能力、抓落实能力，这样才能做到善担当。开展各个领域、各个战线的工作，关键是要深入学习领会，真正学懂弄通，把握正确方向。必须坚持先做对、再做好，确保担当的工作沿着正确方向推进。担当有规矩、做事有章法。党的纪律和干事创业是内在统一的，纪律既明确了不能触碰的底线和边界，也为党员干部干净干事、大胆干事提供了行动准绳。遵规守纪，就会拥有干事创业的充分自由和广阔空间。党员干部特别是领导干部要习惯在监督下工作，依规、依纪、依法、依程序开展工作。提升工作本领，要提高干部的专业化水平，要真正“有几把刷子”。做到干一行、爱一行、精一行，练好调查研究基本功，不断增强脚力、眼力、脑力和笔力，熟悉本地本部门本单位本领域的政策要求、实际情况、发展趋势和先进经验，深入把握其规律和特点，努力成为所从事工作领域的行家里手。

（《学习时报》2025 年 1 月 17 日第 3 版）

年轻干部要把干事热情和科学精神结合起来

沈海涛

改革攻坚，是年轻干部的职责所在，更是时代赋予的使命担当。习近平总书记在2020年秋季学期中央党校（国家行政学院）中青年干部培训班开班式上强调，年轻干部要提高改革攻坚能力，要把干事热情和科学精神结合起来。在全面建设社会主义现代化国家的关键时期，年轻干部更要肩负起历史责任，以锐意进取的精神和科学务实的态度，主动担当作为、勇于直面问题，在进一步全面深化改革进程中贡献智慧和力量。在改革攻坚过程中，年轻干部既要具备干事热情，又要秉持科学精神，精准识别问题根源，强化创新思维，坚持“跟着问题走、奔着问题去”，准确识变、科学应变、主动求变，以理性与务实精神推动改革稳步向前。

满怀干事创业的热情，是年轻干部做好工作的重要前提。年轻干部干事担事，是职责所在，也是价值所在，要保持闯劲、干劲、韧劲，才能不辜负党和人民的期望和重托。年轻干部因为自身肩负的职责，在各个领域承担着大大小小的任务，这些任务关系改革发展、关系人民福祉。从这个角度来说，干事创业的热情是推动工作发展、实现攻坚克难的重要基础。在这个过程中，有一个把责任转化为热情和动力的过程，其关键在于年轻干部从内心明确自己的责任并在工作中找准路径，将这种责任转化为工作内容。在当前改革攻坚的关键阶段，年轻干部要敢于突破固有思维，主动适应、积极作为；历练宠辱不惊的心理素质，坚定百折不挠的进取意志，保持乐观向上的精神状态；有功成不必在我的定力，淡泊名利、奉献人民的坚守。

科学精神是年轻干部理性思维和实事求是的态度在工作中的具体体现。习近平总书记指出，有的干部干事热情很高，但缺乏科学精神、求实态度，结果不仅没有出业绩，反而带来了一堆问题。秉持干事创业的科学精神，是年轻干部做好工作的重要方法。现实中，诸如形式主义、弄虚作假、故步自封等各种影响改革深入推进的“拦路石”不容小觑，说到底还是违背了实事求是的科学精神。中国特色社会主义事业越前进、越发展，新情况、新问题就越多，面临的风险和挑战就越多，这就需要以实事求是的科学态度对待面前的困难和时代提出的要求，以崭新的思维方法和实际行动去解决实际困难。特别是在进一步全面深化改革的关键时期，年轻干部要具备清晰的目标意识、顽强的进取精神，同时要以科学精神为引导，制定科学的改革举措和正确的方法路径，确保改革措施的落地实效，把改革蓝图变成美好现实。这就要求年轻干部强化战略思维，大兴调查研究，观大势、谋全局、明方向。在面对问题时，要冷静分析、科学研判，避免情绪化和盲目行动。在解决问题时，必须注重调查研究，确保决策和行动的精准性，客观认识问题的本质，避免“一刀切”和形式主义，切实掌握和运用好实事求是这个马克思主义的精髓和活的灵魂。年轻干部只有树立科学的精神，运用科学决策的方法，坚持科学决策的习惯，才能使各项决策和各方面工作都符合实际情况、符合客观规律、符合人民意愿。

把干事热情和科学精神结合起来，不断提高改革攻坚能力。对年轻干部而言，光有干事热情或者仅有科学精神是不够的。如果光有干事热情而不注重科学精神，在工作中就有可能蛮干、有可能拍脑袋决策，甚至有可能淹没在纷繁复杂的信息里，从而贻误战机。如果仅有科学精神而不具备干事热情，那么年轻干部在改革攻坚中就可能显得冲劲不够，在关键时刻和关键领域需要拍板的时候瞻前顾后，同样会贻误战机。干事热情和科学精神是辩证统一的，前者提供动力，后者提供方向和方法，必须把两者结合起来，才能推动改革攻坚行稳致远。年轻干部要立足于中华民族伟大复兴战略全局和世界百年未有之大变局，把干事热情建立在对科学理论的深刻理解和理性认同上，建立在对历史规律、发展规律的正确认识上，建立在对中国国情、国际形势的准确把握上。做到激情与理性相结合，干事热情和科学精神是互补关系而非对立关系，唯有在科学精神的引领下，干事热情才能转化为实效。做到主动担当与稳健推进相结合，干事热情让年轻干部在面对挑战时敢于主动担当、迎难而上，而科学精神则要求稳健推进，避免冒进和盲目行动。做到创新精神与务实态度相结合，干事热情推动了年轻干部积极进取，而科学精神则让创新更加务实，确保改革措施切实可行、可持续。

“功崇惟志，业广惟勤。”年轻干部在改革攻坚过程中，把干事热情和科学精神结合起来，不仅是新时代赋予的职责使命，更是进一步全面深化改革、推进中国式现代化进程的关键所在。应当秉持“跟着问题走、奔着问题去”的原则，充分激发干事热情，同时坚持实事求是，以理性务实的态度，不断探索、不断进取，在改革攻坚中不断提升自我，为服务国家战略和实现中华民族伟大复兴贡献智慧和力量。

（《学习时报》2025 年 2 月 24 日第 4 版）